约翰-科尔曼博士

针对美国的毒品战争

OMNIA VERITAS

约翰-科尔曼

约翰-科尔曼（John Coleman）是一名英国作家，也是秘密情报局的前成员。科尔曼对罗马俱乐部、乔治-西尼基金会、福布斯全球2000强、宗教间和平座谈会、塔维斯托克研究所、黑人贵族和其他与新世界秩序主题接近的组织进行了各种分析。

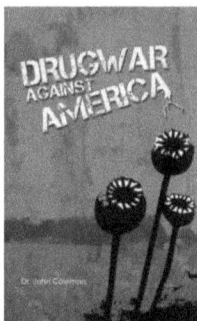

针对美国的毒品战争

DRUGWAR AGAINST AMERICA

译自英文，由Omnia Veritas有限公司出版。

第一章

针对美国的毒品战争

解决问题的第一步是认识到它是一个问题。美国有一个毒品问题，一个拒绝消失的巨大的毒品问题；在国家解决其根源之前，这个问题将不会得到解决。

大多数美国人都知道有毒品流行，但只有少数人知道它是由
"黑暗的统治者，高位的恶人，因为他们的行为是邪恶的，所以宁可选择黑暗，也不选择光明 "施加给我们的社会。

这本书讲述了这些人是谁，他们如何经营世界上最大和最赚钱的公司，他们取得了什么成就，以及采取的对策的有效性。

不要以为毒品交易只是一种街头交易，毒贩子被黑手党控制。这当然是问题的一部分，但在这个世界的
"精英"、"皇室   "家族、欧洲的   "贵族"家族以及美国、英国和加拿大的   "最佳"家族的走廊里，可以找到这种被诅咒的贸易的真正推动者。这种贸易达到了权力的最高层，并没有被根除，而只是在一定程度上得到了遏制。美国农业部和世界各地的禁毒执法机构正试图用没有足够水压的水管来扑灭森林火灾。这怎么可能呢？

答案是，毒品贸易无法被根除，因为它的主管，黑暗的统治者，高高在上的恶棍，不会允许世界上最有利可图的生意被夺走，它有巨大的利润，需要最少的投资资本，一个

几乎免费的产品，几乎没有生产成本。这个庞大　　"社会"的控制者面临的唯一问题是交付和分配。正如我在我的一本书中所说，一个有能力组织大规模动员工作并向海外派遣庞大军队以打赢第二次世界大战的国家，肯定能够组织一场消除毒品贸易的运动。

贩毒是一项比二战中对德国和日本的战争更艰巨的任务吗？当然不是，美国可以做到。问题是，只要美国禁毒执法机**构开始**处理这个问题，X因素就会发挥作用，而X因素就是统治精英，他们的巨额财富来自毒品贸易。

这种贸易始于1652年，**涉及其他几个国家。英国的**贵族"上流社会"实际上经营着利润丰厚的中国鸦片贸易，英国政府的帕麦斯顿勋爵甚至在议会中这样说。

英国贵族家族--统治阶级--所享有的巨大财富和权力，可以直接追溯到这种可憎的肮脏活动。正如我在《*每周情报报告*》和其他地方经常说的那样，英国和中国政府之间为控制香港而进行的长期斗争并不是**关于**这个岛屿的陆地本身，而是关于谁能从中国的鸦片贸易所产生的数十亿美元中获得最大份额，这占了中国外汇收入的64%。英国的　　　　　　　　　　"贵族"家族一直占据着蛋**糕的**绝大部分，但现在中国人要求分得更多，随着大英帝国及其权力的崩溃，英国别无选择，只能答应他们的要求，但这是有条件的。世界贸易的控制权将继续掌握在英国人手中，那些　"高贵的　"和备受尊敬的"老"家族的污点，那些不会给美国人民喜欢的人以正确时间的人，那些占据高层权力席位的寡头!20世纪50年代初，随着奥尔德斯-赫胥黎和伯特兰-罗素将LSD引入美国青年，针对美国的毒品战争出现了新的令人不安的变化。

LSD是由瑞士的寡头和黑人贵族家族霍夫曼-

拉罗什制造的。LSD实验正式由斯坦福研究中心控制，在那里以 "纳米行动 "和 "朝鲜蓟行动"的代号对大麻和可卡因进行了广泛的实验。

美国青年在一片由皱巴巴的绿叶产生的白色粉末的暴风雪下消失了。同意和不同意的受害者都在成瘾中心、西奈山医院和波士顿精神病院等地方接受 "测试"，这只是其中两个最大的测试中心。随着西奥-阿多诺的无调性 "音乐"的同时推广，在英国的宣传之家和虚假信息中心威尔顿公园完善，出现了一个令人震惊的骗局，即由摇滚乐队表演的 "摇滚音乐"，它成为引入臭名昭著的洗脑和药物 "测试"计划的媒介。

许多这样的骗局中的第一个是埃德-沙利文 "发现"了吸毒的披头士乐队。整个 "摇滚"事业是在威尔顿公园构思和完善的，其目的是故意利用它作为诱导美国年轻人吸毒的工具，并使之成为可接受的社会习俗。摇滚乐被设想为仅仅是传播毒品的工具，在甲壳虫乐队实验之后 "发现 "的所有 "摇滚乐队"都成为对许多国家的青年进行心理战的一部分。所有的欺诈性乐队都是在威尔顿公园组建的，专家们称其为 "无调性音乐"，之后威尔顿公园向毫无戒心的美国公众释放了一整套 "摇滚乐队"。美国最著名的电台主持人埃德-沙利文（Ed Sullivan）将 "披头士"带到了美国，成为了这一世纪罪行的同谋

那些参与宣传摇滚音乐会或分发那种可怕的声音的唱片和磁带的人，一种扰乱心灵的噪音，本应因参与毒品的传播而受到起诉。我认为所有的摇滚音乐会都是一种犯罪，因为它们被用来鼓励年轻人吸毒。这就是摇滚乐会是如何被组织起来主要作为毒品分销的掩护，以及摇滚 "音乐"是如何成为美国反毒品战争的一个组成部分的。现在是我们这些人脱下手套，一起敲打一些脑袋的时候了！

在 "摇滚乐 "被根除和所谓的 "摇滚概念
"被取缔之前，根除毒品交易将加倍困难。这意味着关闭RC
A唱片部门，正如你们这些年关注我的报告的人所知道的，
RCA是英国特工部门的一个分支，始于1924年，当时美国
马可尼公司是英国马可尼公司的全资子公司。当时和现在
一样，由于摩根担保公司对母公司西屋和通用电气公司的
控制，RCA是由英国人经营的。联合水果公司--
现在的联合品牌公司--其董事长马克斯-
费希尔在1972年向共和党捐赠了巨额资金，拥有RCA-
Westinghouse-
G.E.集团在拉丁美洲和加勒比地区销售的所有通信设备的
特许经营权。RCA在二战前就与德国有联系，通过RCA主
席大卫-萨恩霍夫与希特勒的金融天才哈尔玛-
沙赫特的终生友谊。正是这种友谊阻止了 "法官
"杰克逊在非法的纽伦堡 "审判
"中**确保**对沙赫特的定罪。杰克逊法官根本不是一名法官，
而是一名律师，他接受了美国政府的急切召唤，填补纽伦
堡审判的空缺。美国普通法官不承认纽伦堡诉讼的合法性
，并回避了司法部提出的代表美国政府的提议。

让我赶紧补充一点，希特勒执政时，非法 "娱乐性
"毒品在德国被彻底根除。RCA通过萨恩霍夫（一个长期的
英国特工），为斯坦福研究所进行的各种与毒品有关的实
验和项目进行个人筹款，该机构正是监督臭名昭著的MK
Ultra LSD实验项目的机构。

那么现在呢？截至2009年年中，整体情况非常暗淡。美国
缉毒署和国际缉毒机构一直未能在保护良好的毒品贸易基
础设施方面取得哪怕是很小的进展。尽管美国毒品管制局
加大了努力，但流入美国的毒品继续增加，现在已正式失
去控制。这并不是说美国不能阻止贸易。它确实表明，美
国正在打一场两手空空的反毒品战争。打击毒品威胁的努
力看起来像一场滑稽的戏剧表演，不会比他们以前失败的
尝试更成功，直到我们找到毒品背后的人。

尚未采取的下列措施，应立即采取，不再拖延。

> **关掉**对生产贸易原料的国家的"外援"水龙头。

> 美国还应该与毒品生产国签订特别引渡条约，这将允许缉毒局特工在生产国开展工作，并有权将主要毒品生产者引渡到美国。

如果我们能够为 "反人类罪"制定纽伦堡法规，那么我们也一定能够制定一项国际协议，让美国特工有很大的回旋余地，因为毒品交易不是反人类罪吗？

> 美国必须任命特别检察官（正如我们在塔维斯托克水门事件阴谋中所做的那样），以协调所有与**毒品有关的刑事**诉讼。

在美国能够在纽伦堡建立一个国际法庭的程度上，我们今天肯定也可以这样做，因为毒品和毒品交易是对文明世界的战争--而且最肯定是对人权的犯罪。

> 美国必须参与一项计划，鼓励生产贸易原料的国家按照书面协议将其全部 "作物"卖给被点名和控制的美国人，不再生产"作物"。

> 美国特工必须有一项协议，使整个种植区（如阿富汗的赫尔曼德，罂粟的故乡）的土壤不能用于**种植**罂粟。

这是可以做到的，而且比维持我们海岸线的治安和支付贩毒受害者的医疗费用的巨大成本要便宜得多。

> 美国可以轻易采取的一项措施是通过法律，对任何被抓到的贩运、销售或宣传毒品的人判处死刑。

> 被抓到的吸食或摄取毒品的吸毒者应在一个特别法庭受审，如果被定罪，应被送往莫哈韦沙漠中部的劳改营，并给予最低限度的人身舒适。

将有一个大赦期，在此期间，所有毒贩都必须将他们的毒品库存交给特别选定的政府机构或公民委员会，以便立即焚烧。此后，任何被抓到的出售毒品或拥有出售毒品的人都将被处决。

> 所有毒品使用量大的场所，如迪斯科舞厅和夜总会，都应被迫关闭，如果在特别检察官法庭上证明场所内使用了毒品，其业主应被重罚并判处监禁。摇滚乐会 "应该被禁止，这种 "音乐会"的发起人应该被判处重罚和监禁。

> 任何将毒品**运入美国或跨越州界的人都必**须由为此目的而设立的法庭的特别检察官进行审判。如果被定罪，人贩子应被判处死刑，而且判决的执行不应无故拖延。

> 美国农业部将与所有药用植物生产国签订条约，允许美国特工小组对发现药用植物的所有地点进行 "搜查和销毁"。

应用一种新的 "阳光杀手"除草剂，由所有植物中存在的一种氨基酸组成，以有效和廉价的方式实现了这一目标。这种化合物对动物生命无害，通过在用药植物中积累氨基酸来粉碎不需要的生长，在三小时内使植物组织崩溃并脱水。

这种新的除草剂能够从源头上消灭所有古柯树、罂粟和大麻田，而不会损害普通作物或毒害土壤。根据国家科学基金会的威廉-罗伯逊博士的说法，除草剂是在傍晚时分喷洒的。第二天早上太**阳一出来**，连锁反应就开始了，毒品植物开始"流血死亡"，失去所有内部液体。几小时内，被喷洒的植物就会萎缩并死亡。这种除草剂易于应用，价格低廉，对环境安全。它对小麦、大麦、燕麦、大豆等粮食作物没有反应。

有了国内的支持和国际协议，美国可以在三年内以令人惊讶的低价从地球上消除毒品。该方案可以通过条约和协议来**运作**。**任何拒**绝加入该计划的国家，包括要求在其领土上派驻美国特工的条款，都将被撤销所有美国对外援助资金。

应该对那些拒绝签字的国家进行世界性的贸易抵制（就像1933年对德国的抵制一样），并通过所有联合国机构对它们施加国际压力，就像对南非和伊拉克无情地施加压力那样。新产品ALA已经有了，美国必须着手实施一项紧急计划，以生产足够数量的ALA供全世界使用。

我们必须动员起来打仗!这一计划的全面实施将需要集中精力，但不会超过1939-45年所需的努力。如果我们能够在第二次世界大战中做出强大的努力，那么我们现在也有义务做出同样的努力。美国的安全在1939年从未受到德国的直接威胁。德国与美国无冤无仇，但毒贩子，"贵族"，对我们的安全和作为一个伟大国家的未来福祉是一个直接和非常现实的危险威胁。美国必须向这些国家宣战，他们的生产基地和运输及分销系统必须被歼灭。我们必须调动我们大量的人力和技术潜力资源，以满足并摧毁毒枭。

在过去的34年里，美国人民无助地看着战争的浪潮转向对他们不利。直到现在，美国人民还没有意识到我们正处于战争之中，因为敌人不可能像我们的宣传工厂在1939年识别德国那样容易识别。这些同样的宣传 "意见制造者"非常不愿意处理毒品问题，如果你考虑到 "意见制造者"是同一个网络的一部分，这一点都不令人惊讶。绝对有必要让美国人明白，每年毁掉数百万人生命的淫秽毒品利润，也为国际恐怖主义提供了资金。

最近DEA的统计数据显示，美国的海洛因、可卡因和大麻使用者的数量有**惊人的增**长。至于恐怖主义方面，只要回顾一下秘鲁的 "光辉道路"教派的活动，就会发现毒品资金是如何资助谋杀的。

这个组织是世界上最暴力和最邪恶的恐怖团伙之一，这群暴徒打算占领秘鲁，以夺取利润丰厚的可卡因贸易，直到秘鲁总统藤森亲自参与进来。但这一行动将使他失去总统职位，并迫使他逃往日本，担心自己的生命安全。

可卡因是一种日益严重的威胁，影响到2000万美国人。它被喷气式飞机和好莱坞名人所青睐，每天吸引约5000名新用户！这是个很好的机会。美国缉毒署的弗兰克-莫纳斯特罗最近表示，恐怖主义和毒品贸易之间的联系非常紧密，"但我认为政府的一些部门并不这么看"。虽然莫纳斯特罗没有具体说明他指的是哪个"部分"，但我从我与一些美国官员的谈话中知道，他说的是美国国务院。

国务院一直表示反对将毒品控制方法与中止   "外国援助"联系起来，并且不同意实施我在本书中描述的方法。众所周知，国务院官员认为在外国药物管制领域的任命是外交事务中最不理想的任务。

皇家国际事务研究所（RIIA）和对外关系委员会（CFR）控制着兰德公司（该组织让丹尼尔-埃尔斯伯格因《五角大楼文件》而声名狼藉），通过撰写**一份不**请自来的文件，声称在教育中打击毒品使用的努力"相互矛盾，**模棱两可，毫无**效果"，使情况更加**复杂**。这显然是错误的，但你还能指望一个由塔维斯托克人类关系研究所管理的机**构**，[1] 其主人正是从卑鄙的毒品贸易中获利的人？兰德报告就像向我们自己的部队开枪，因为如果它向毒品人群**开枪**，它就会向它的朋友而不是敌人开枪！"。兰德报告的最终结果是不鼓励反毒品教育计划。然而，兰德公司从美国政府获得了大量资金--这是我们为尽量减少毒品贸易所做努力中的一个矛盾的例

---

[1]   见*塔维斯托克人类关系研究所*，Omnia Veritas有限公司，www.omnia-veritas.com。

子。

美国审计总署（GAO）估计，走私到美国的毒品中只有百分之十被执法部门截获。这应该是一记警钟！一个拥有如此庞大的劳动力、资金和技术资源的高度工业化国家，为什么只能截获如此小比例的毒品呢？我们必须寻找"隐藏的手"，即从幕后控制毒品交易的力量，即神秘的"X力量"。为了正确地回答这个问题，我将在我们继续进行时处理这方面的问题。

我最近看到的一份文件表明，自2000年以来，中国的罂粟产量增加了50%。文件中的其他统计数字指出，大麻和古柯叶的产量增加了30%和40%，自2003年美国和北约军队入侵阿富汗以来，该国的罂粟产量从每年4000磅增加到6000磅。这一点是如何实现的？通过由RIIA、威尔顿公园、塔维斯托克研究所、CFR和欧洲黑人贵族家族的统治寡头领导的针对美国的全面战争。他们在这场战争中的主要工具一直是--现在仍然是--"摇滚乐队"和"摇滚音乐会"，以及不断地推广被称为"音乐"的破坏心灵的无调音乐的颓废的喧嚣。这个在1950年首次使用的工具，是敌人对美国作战的主要武器，并将继续被用来传播毒品，直到有人彻底结束它！"。

回到海洛因贸易，主要的罂粟种植区是在东南亚的"金三角"和伊朗、阿富汗和巴基斯坦的"金新月"。

值得回顾的是，英国"乡绅"家庭通过将鸦片从阿富汗和巴基斯坦的田地运送到中国的消费者手中而发家致富，他们在那里建立了必要的联系，使他们今天能够安全和有利地继续这种贸易。

至于中东地区，大部分原料鸦片通过黎巴嫩、叙利亚和土耳其转运。经过中间加工后，通过法兰克福运往欧洲。法兰克福黑手党"负责分销鸦片，臭名昭著的梅耶-兰斯基（犯罪集团的重要成员，现已去世）是这一行动的头目。兰斯基去世后，这个职位被交给了以色列将军阿里

尔-

沙龙，他一直担任这个职位，直到他去世。沙龙与玻利维亚和秘鲁等 "生产国"有着密切的联系，这两个国家是制造可卡因的古柯叶的主要生产国。黎巴嫩被入侵，被分割成多个藩篱，正如我在一份报告中透露的那样，叙利亚总统哈菲兹-

阿萨德的兄弟里法德-

阿萨德首先被软禁，然后被驱逐出叙利亚，因为他与沙龙进行 "私人"交易。里法德-

阿萨德被驱逐出叙利亚成为国家大事，但驱逐他的真正原因--与毒品有关的罪行--从未公开。

参议院的秘密报告表明，美国国务院没有遵循里根总统的指示，对毒品生产国进行训斥。考虑到查塔姆大厦的背景和通过英国代理人乔治-

舒尔茨进行的控制，这不应该是一个惊喜，乔治-

舒尔茨是布什总统任命的前国务卿，是与毒品贸易有密切关系的东方自由派的名义上的前负责人。

毒品生产国认为，毒品问题是美国的，只要美国对毒品有需求，生产国只是在满足这种需求。这种观点完全忽视了这样一个事实：在中国，原本没有对鸦片的需求，直到鸦片被那些无良的 "贵族 "家庭 "创造 "出来，然后满足 "需求 "并提供鸦片。一些参议员认为，阻止这种交易的方法是使毒品

"合法化"，首先是大麻和可卡因。当然，他们很快补充说，这应该是少量的，仅供私人使用。

这就像往火上浇汽油来灭火一样。这些人还在秘鲁、玻利维亚和哥伦比亚建立了私人军队，以保护他们在这些国家的毒品贸易中的巨大投资。佛罗里达州参议员保拉-

霍金斯已经证实了这一点，私人信息来源也证实了这一点，他们显然不能透露姓名。在玻利维亚、哥伦比亚和秘鲁，这些装备精良的私人军队与政府军展开了激烈的战斗，并经常将其击败。

结果，土匪现在完全控制了 "种植"区，政府人员必须获得许可才能进入这些地区！"。自然，从来没有人给予许可，进入 "禁区"的政府人员冒着被谋杀的危险，许多人就是这样。霍金斯参议员强烈支持切断对违规国家的'外援'，并宣布**她打算**这样做。霍金斯参议员是参议院酒精和药物滥用委员会的主席，但由于**她**过于坚持，很快就失去了她的职位。霍金斯面临来自国务院内部的非常强烈的反对，国务院认为 "外国援助"严格属于其管辖范围，不应受到干涉。自1946年大卫-洛克菲勒制定了这种阴险的美国纳税人的钱的礼物，并由CFR将其写入法律以来，国务院对外国援助的骗局采取了袖手旁观的态度。前主管麻醉品的代理助理国务卿克莱德-D-泰勒将国务院的立场表述如下。

> 我们需要正确看待毒品问题--
> 我们在这些国家还有其他的外交利益，如果我们因为毒品而疏远他们，几年后当我们因为其他事情需要他们时，我们可能会后悔。撤销外援的想法并不像它听起来那么简单。我们的影响力并不像你想象的那么大。

多么好的忏悔!

尽管如此，尽管受到英国控制的国务院的反对，但在过去五年中还是取得了一些进展，至少在纸面上是这样。已经与巴基斯坦、玻利维亚、秘鲁、墨西哥和哥伦比亚就毒品管制协议进行了谈判，但条件非常狭窄。

对于世界上最大的原始鸦片贸易路线的巴基斯坦来说，该协议是否会对流向美国的鸦片产生任何影响值得怀疑，因为军队领导人和其他执法机构反对任何真正的控制。巴基斯坦前总统阿里-布托是唯一一个在军方保护下积极反对毒品贸易的人，被其继任者齐亚-哈克将军暗杀。布托完全致力于根除巴基斯坦的毒品贸易，**她反**对毒品的坚定立场可能导致了她的死亡。所以不要指望巴基斯坦的鸦片贸易会放缓。尽管美国司法部长威廉-弗伦奇-史密斯（William French Smith）访问了巴基斯坦，并亲自呼吁政府在美国的大量援助下停止这种行为，但这种行为仍在继续。乌尔-哈克总统的反应是警告威廉-弗伦奇-史密斯**离开巴基斯坦**，因为他无法保证他的人身安全。从那时起，没有一个美国司法部长访问过巴基斯坦。

在世界的**另一边**，最大的可卡因生产国是哥伦比亚，尽管最近在巴西发现了新的古柯种植园，它的地位似乎可能会被巴西取代。

可卡因被归类为"非成瘾性"，几个著名的医生在支付给毒贩子的费用时宣布，它没有持久的有害影响。**但是，当一位勇敢的医生告诉《纽约时报》**，对可卡因的测试表明，长期以来，使用者会遭受严重的脑损伤，这一切都改变了。根据我看到的DEA统计数据，进入美国的75%的可**卡因和59%的大麻都来**自哥伦比亚。

玻利维亚生产10%，秘鲁也是如此，墨西哥生产9%的大麻。当地**种植的大麻占市场**的11%，其中9%来自牙买加。

可卡因的 "制造"是一个相对简单的过程。采自这种植物的叶子是野生的，但现在也在种植园中种植。树叶由当地廉价的农民工从树丛中摘下，放在防水布上，然后盖上印章，之后将石蜡和**碳酸**钙倒在部分粉碎的树叶上，形成白色的浆糊。然后加入硫酸，并将混合物过滤，之后加入致命化学品丙酮，并将混合物置于干燥处。有些人在混合物中加入白葡萄酒，经过一段时间后，变成了纯白色的结晶粉末--可**卡因。生**产一磅可卡因需要大约300磅的古柯叶。劳动力和原材料的成本非常便宜，在初级生产商阶段，利润高达5000%是很常见的。

直到最近，哥伦比亚的毒品交易一直受到军队、司法部门和银行的全面保护，但这种情况在1991年贝当古总统上台后结束。曾经从可卡因贸易份额中赚取巨额利润的持不同政见的军官，如果不准备支持贝当古的反毒品计划，就会被剥夺军衔和职位。但自从贝当古离开后，事情就恢复了"正常"。这种交易的大部分资金都在佛罗里达银行和瑞士银行。瑞士媒体甚至公开批评贝当古总统，声称他的反可**卡因政策将**严重打击哥伦比亚的经济，并使该国在外汇方面损失惨重。这当然是一个大谎言，因为大部分   "货币"从未返回哥伦比亚，而是最终进入瑞士银行的库房。难怪瑞士银行家们不欣赏贝当古的反可卡因立场。

诺斯替主义教会的成员强烈反对贝坦库尔。在哥伦比亚，MI9游击队（西班牙文缩写为FARC）否认其大部分收入来自与毒品有**关的来源**。贝当古让领导人卡洛斯-托莱多-普拉塔博士与哥伦比亚政府签署了一项协议，从而使战斗休战，但普拉塔很快就被毒贩子杀害。

这起谋杀案发生后不久，1984年4月30日下午，**两名**骑摩托车的暴徒开枪打死了哥伦比亚司法部长罗德里戈-拉拉-博尼利亚。这两个人逃到了毒品之都圣玛尔塔，在那里他们得到了哥伦比亚革命武装力量的私人军队的保护。这两起谋杀案都被毒贩子看好，如果哥伦比亚成功地根除毒品贸易，他们会有很大损失。前总统洛佩兹-米歇尔森在被赶下台前严重参与了可卡因贩运。在绑架一名反毒品议员的阴谋失败后，他逃离了该国，并在巴黎躲藏起来。他的表弟杰米-米歇尔森-乌尔班在迈阿密保留了一大笔钱。

米歇尔森因为建议哥伦比亚政府与毒贩谈判达成交易而惹上大麻烦。

曾任哥伦比亚银行行长的毒资银行家乌尔班在其两名董事被贝当古根据第2920号法令逮捕的同一天逃往迈阿密。军队下令开始在所有种植毒品植物的田地里喷洒百草枯（一**种使植物和灌木落叶的化学制**剂），这对毒枭和那些从可

卡因资金中获利最多的人，即欧洲黑人贵族的寡头来说是一个打击。

在展示**她粉碎毒品交易的意**图时，贝当古所做的不仅仅是说说而已，而且还面临着严重的暗杀威胁。没有人应该相信，欧洲的毒枭和 "贵族 "会对他们的贸易攻击掉以轻心。

我清楚地记得，当美国官员于1985年在英国剑桥举行的一次绝密会议上与英国同行接触，要求帮助他们打击巴哈马的毒品贩运时，他们被拒绝提供任何帮助或信息。这对了解巴哈马的人来说并不奇怪，在那里，整个政府都参与了由英国某些共济会组织经营的毒品贸易，而收益则通过加拿大皇家银行进行洗钱。

记住，加拿大只是英国皇室的一个前哨，而不是与美国相同意义的国家）。

美国在巴拿马等国的一些主要银行通过为英国、加拿大和美国的高级人士充当方便的渠道，为资金流动提供便利--目前估计每年5.5亿美元。人们会记得，曼努埃尔-诺列加将军惹上了麻烦，他揭开了洛克菲勒在巴拿马参与毒品洗钱的一家银行的盖子，误以为他在执行美国毒品管制局的愿望。银行不是唯一保护和包庇这种有利可图的交易的机**构。国际货币基金组织（IMF）在这种贸易中发挥着越来越重要的作用。有充分的证据表明，自1960年以来，国际货币基金组织一直在保护毒品贸易，但特别是与英国的主要机**构和**经营这些机构的 "贵族 "家族有**关**。

在英国，使用毒品是完全合法的，但交易毒品则不合法。这与国际货币基金组织的政策是一致的，就哥伦比亚而言，该组织认为该国有权通过向有需求的地方出口毒品来获得外汇。这一立场的依据是，毒品产生的收入有助于偿还国际货币基金组织的贷款，这是绝对错误的。国际货币基金组织的中央银行部门专门与那些从毒品贸易中获得大量现金存款的海外银行合作。

在哥伦比亚司法部长罗德里戈-拉拉-

博尼利亚惨遭暗杀后，国际货币基金组织和罗马俱乐部的
"关系户   "惊慌失措，开始与M19   "部队
"保持距离，因为贝当古愤怒地调动了所有可用的储备，称
这次谋杀是
"哥伦比亚名字上的污点"。贝当古直接向公众讲话，呼吁
所有公民帮助她打击人贩子，声称
"国家尊严正被这些人贩子挟持"。

天主教会被邀请加入斗争，并同意支持总统，只有耶稣会
站在一边。里根总统如果效仿贝当古的策略，会做得很好
，我相信他将会得到民众前所未有的支持。但是，不幸的
是，里根没有这样做。令人欣慰的是，尽管耶稣会和诺斯
提派与M19游击队联合起来破坏了该组织的活动。

尽管贝当古作出了反毒品的努力，但他们没有取得什么进
展，尽管有强大的   "暗手
"支持他们的联合破坏性战术。贝当古授予毒品管制局进入
哥伦比亚并对毒品工厂喷洒百草枯的权利。他还批准了几
项引渡哥伦比亚著名毒贩的请求，美国长期以来一直想抓
住这些毒贩。但到目前为止，美国没有作出回应，没有将
米歇尔-乌尔班送回哥伦比亚。

在访问哥伦比亚期间，霍金斯参议员赞扬了哥伦比亚总统
为根除毒贩所做的坚定努力。但我的消息来源告诉我，尽
管可卡因流向美洲的速度明显放缓，其价格急剧上升就是
证明，但这并不意味着毒枭们没有进行反击。有证据表明
，他们扩大了在阿根廷和巴西的业务，以获得新的古柯种
植地。

一些并不完全同情贝当古总统的哥伦比亚官员声称，他们
无法进入人贩子活动的偏远丛林地点。问题是：如果毒贩
子能够进入，为什么政府的缉毒部队不能做到这一点？约
翰-
T.表示，迫切需要解决这些种植园地的问题，因为有证据
表明，在这些   "不可逾越

"的偏远地区，正在种植罂粟（海洛因的来源）的实验田。众议院麻醉品滥用和控制问题特别委员会的卡萨克。

自1970年以来，"Los grandes mafioses"已经走过了漫长的道路，当时他们真正开始在美国销售可卡因。2006年，他们开始使用船队、飞机、直升机和一支全副武装的私人军队。他们一直小心翼翼地扮演着公共慈善家的角色，资助了许多公共项目。公众舆论认为他们是"聪明的经营者"，利用了一个纯粹的美国问题，即美国对可卡因和大麻贪得无厌的需求。其中一个领主巴勃罗-埃斯科瓦尔-加维拉（Pablo Escobar Gavira）为改善贫民窟倾注了巨额资金，这一计划由耶稣会管理，而耶稣会一直对富可敌国的加维拉青睐有加。

加维拉曾经在女儿的婚礼上花费了5万美元，并让自己当选为议会成员，从而获得了议会的豁免权，免于逮捕。他被美国缉毒署当局通缉多年。但在司法部长拉拉被乌兹机枪打了22枪后，一种巨大的厌恶感席卷了哥伦比亚人民。他们转向反对"大黑手党"，事情开始发生。甚至耶稣会也与加维拉保持距离。随着对毒品案件的管辖权被移交给军队，许多曾经参加过毒贩子举办的豪华派对的法官被剥夺了以前的权力。达里奥-卡斯特里翁主教还试图否认他与毒贩子的联系，声称他从毒贩子那里得到的钱被用来建造教堂。法官的腐败不再被接受，为审判毒品案件而设立的军事法庭也不能被腐败分子接触。

即使是强大的奥乔亚家族也采取了掩护措施，但即使是他们的人，洛佩兹-米歇尔森总统，也遇到了麻烦。奥乔亚在巴拿马给他打电话，他在那里与其他主要毒贩进行磋商，警告他在他的国家发生的大规模逮捕。此外，加维拉和奥乔亚三兄弟（代表约100名主要贩毒者）去找米歇尔森寻求帮助，但他没有回应。然而，这些黑帮分子还没有结束。一个令人惊讶的

情况是，奥乔亚夫妇在巴拿马会见了哥伦比亚总检察长卡洛斯-希门尼斯-
戈麦斯。出于某**种原因，戈麦斯没有向美国当局通**报这次会面。如果他这样做了，美国缉毒署的工作人员就可以在巴拿马进行多次逮捕了!美国大使亚历山大-
沃森直到事件发生两个月后才被戈麦斯告知这次会面。这就提出了**另一个**问题。既然众所周知，美国反毒人员密切**关注哥**伦比亚所有主要毒贩，这些人员怎么可能不知道在巴拿马举行的会议？隐秘的手，美国和欧洲的有权势的家族，瑞士银行家，国际货币基金组织和罗马俱乐部，P2共济会，可能还有CFR，似乎在这个阶段已经介入了。

奥乔亚夫妇向司法部长提交了一份长达72页的备忘录，提出拆除哥伦比亚的整个可卡因业务，以换取允许他们返回哥伦比亚而不必担心被捕。这份备忘录被交给了美国当局，后者回答说他们不与犯罪分子做交易。至于总检察长戈麦斯，他在没有事先通知政府的情况下与毒枭会面的借口令人难以信服，那就是他在巴拿马有其他业务（他没有具体说明），他与奥乔亚夫妇是偶然相遇。戈麦斯没有解释为什么他没有立即打电话给贝当古总统，告知他发生的事情。事实是，戈麦斯是按照哥伦比亚贩毒集团的 "暗手"的命令行事。在哥伦比亚，总检察长由国会任命，不必对总统负责。但许多国会议员对戈麦斯的怪异行为深感愤怒，要求他辞职，但他拒绝了。

埃斯科瓦尔-
加维拉在桑地诺政府的耶稣会教士的保护下，开始在尼加拉瓜境外活动。秘密拍摄的显示加维拉和他的手下在该国将可**卡因装上**飞机的照片在我看来相当真实，但它们没有日期。这是否表明当时由耶稣会主导的尼加拉瓜政府已经加入了针对美国的毒品战争？然而，大多数国会议员和参议院成员仍然拒绝给予里根总统推翻桑地诺政府所需的权力。

> ➤ 问题是，为什么 "我们的

"代表反对任何摆脱尼加拉瓜耶稣会-
共产主义政府的努力。

➤ 更有甚者，他们中的许多人为什么会投票支持对
尼加拉瓜的'外援'和'贷款'？

➤ 为什么康西尼和理查德-
卢格的参议员投票给共产主义的桑地诺分子提供
我们的税款？

➤ 为什么要支持像曼努埃尔-德-
埃斯科托这样的人，他不仅帮助毒贩子把危险的
货物运进美国，而且一有机会就到世界各地去攻
击美国。

在隐秘之手的力量，即罗马俱乐部-CFR-
东方当权派及其高级盟友被揭露之前，美国不能也不会赢
得这场可怕的战争。我们所有的努力都将化为乌有。除非
美国政府坚持要求巴拿马停止大量进口我所说的毒品化学
品，否则哥伦比亚的可卡因贸易将不会被根除。

巴拿马是如何处理大量的石蜡、乙醚和丙酮的？众所周知
，这些化学品不允许直接进口到哥伦比亚。因此，很明显
，巴拿马的进口产品被间接和非法地转运到哥伦比亚。

自从2003年写下这个剧本以来，哥伦比亚已经被迫越来越
成为一个完全的毒品国家。由于三个因素，游击队的组织
性大大增强。

➤ 接管巴拿马，导致进入巴拿马运河区的毒品增加
了65%。

➤ 在巴拿马的银行容易洗钱。

➤ **卡斯特**罗提供的对MI9游击队的支持增加。

因此，质量更好的武器现在正更多地到达军情九处，现金
供应也在增加，这有助于扩大哥伦比亚的毒品贸易。巴勃
罗-埃斯科瓦尔在一次对其豪华住宅和院落的高调突袭中被

"逮捕"，但最近的情报报告称，在美国监狱短暂停留后，他被带出了美国。

当我在研究我**关于**这个重要主题的数百本速记本时，我发现了一些有趣的统计数据，这些数据是我在伦敦的调查工作中注意到的。这是一个事实，在1930年，英国在南美洲投资的资本远远超过了它在所谓   "领地"的总投资。11月30日，一位这方面的权威格雷厄姆先生说，英国在南美的投资"超过了一万亿英镑。这是在1930年，在那个年代，这是一个**惊人的数字。英国在南美洲投入如此巨大的**资金的原因是什么？答案是一个词：毒品。

控制英国银行的财阀掌握着钱包，而且当时和现在一样，摆出了最体面的姿态。没有人抓到他们的脏手；他们总是有稻草人和愿意承担责任的走狗。当时和现在一样，这些联系总是最脆弱的。无论当时还是现在，都没有人能够把他们的手指放在英国那些受人尊敬的   "贵族"银行家族上。但是，15名国会议员是南美洲这个庞大帝国的控制者，包括张伯伦家族和查尔斯-巴里爵士的家族，这一事实有很大的意义。

在南非，黑人拥有全非洲最好的条件，而英国金融和体面的领土们仍在吹嘘他们的压迫，他们在特立尼达和牙买加等地也非常忙碌，他们也在那里掌握着毒品贸易的缰绳。在这些国家，英国贵族中受人尊敬的家族的财阀们让黑人处于比奴隶制好不了多少的水平，同时给他们自己带来丰厚的红利。当然，他们躲在像特立尼达租赁有限公司（一家石油公司）这样受人尊敬的企业背后，但真正会下金蛋的鹅过去和现在都在从事毒品贸易。

直到最近，中国的鸦片贸易还不是一个众所周知的话题。它已经被尽可能地隐藏起来了。我的许多学生会来问我，为什么中国人这么喜欢鸦片。他们对关于在中国实际发生的事情的相互矛盾的说法感到困惑。有些人认为这只是中国工人在当地购买鸦片，然后在鸦片馆里吸食的情况。我尽了最大努力来**启迪**这些好奇的心灵。

事实是，中国的鸦片贸易是英国的垄断，受英国官方政策的制约。印度-英国在中国的鸦片贸易是欧洲殖民主义历史上最保守的秘密和最无耻的篇章之一。统计显示，在英国统治下，印度近13%的收入来自于向中国吸毒者出售鸦片。成瘾者不是凭空出现的；他们是被创造出来的。换句话说，首先在中国人中创造了一个鸦片市场，然后由英国的寡头，即伦敦各银行的老板来满足 "需求"。

这种有利可图的交易是利用人类苦难的最糟糕的例子之一，也是伦敦金融城进行肮脏交易的独特见证，至今仍是金融界的 "肮脏交易"中心。当然，**你怀疑这种说法**："看看《金融时报》"，**你说**，"它充满了合法的业务"。当然是这样，但你不会认为高贵的贵族会在《金融时报》上宣传他们收入的真正来源**吧？**

英国人没有宣传鸦片从印度的贝拿勒斯和恒河流域运往中国的事实，在那里，鸦片在国营的垄断机构下被部分加工，这个机构的存在只是为了监督鸦片贸易。你没有想到当时会在《伦敦时报》上读到这句话，是吗？

然而，自1652年以来，这种贸易一直是由杰出的东印度公司进行的，其董事会中坐着英国贵族中最重要的成员。他们是比普通人类群落更高级的物种。他们是如此的高高在上，以至于他们相信，连上帝在天上遇到问题时都会向他们征求意见。后来，英国皇室与这个无赖的东印度公司联手，利用它在孟加拉和印度其他地方生产鸦片，并通过所谓的 "过境税"控制出口，即对所有在国家当局正式登记的鸦片生产者征收税款，这些生产者将其产品送往中国。在1885年之前，当鸦片仍然是 "非法

"的时候（这只是一个用来向鸦片种植者征收更多贡品的词--

从来没有人试图阻止贸易），绝对有大量的鸦片被运往中国。英国人已经变得如此大胆，在世界的另一端，他们试图将这种致命的物质以药片的形式出售给联邦和南方的军队。你能想象如果这个计划成功了，美国会发生什么吗？在这场可怕的悲剧中幸存下来的每个士兵在离开战场时都会完全**沉迷于**鸦片。

孟加拉商人和银行家从英国东印度公司（BEIC）购买的这批孟加拉鸦片贸易中获得了巨额资金，他们感到很肥沃和满足。因此，他们的利润与头号药品公司霍夫曼-拉罗什的利润相当，而霍夫曼-拉罗什正是生产LSD等的公司。霍夫曼-拉罗什援引《瑞士工业间谍法》来对付任何敢于揭露其贪婪的人，所以在表**达意**见时必须谨慎。

在任何情况下，霍夫曼-拉罗什公司生产一种常用的药物--安定。他们每2.5磅的成本约为3.5美元。他们以每公斤20,000美元的价格出售，而当以天文数字使用安定的美国公**众得**到它时，价格是每公斤50,000美元！这就是所谓的"价格"。霍夫曼-拉罗什在维生素C方面的做法也差不多，它对维生素C有类似的垄断权。他们的生产成本约为每公斤1美分，而他们的销售利润约为1万％。

当为他们工作的一个叫亚当斯的好人向欧洲经济委员会（EEC垄断委员会）透露这一信息时，他被瑞士警察逮捕并受到虐待，被单独监禁了三个月。随后，他被逐出工作岗位，**离开瑞士，失去了退休金和其他一切。**作为一个英国国民，他继续与霍夫曼-拉罗什作战。下次你看到这些彬彬有礼的瑞士商人时，请记住这一点。瑞士的魅力不仅仅在于高山滑雪和蓝天下的清新空气。长期以来，其银行业一直被怀疑依靠合法和非法的毒品贸易以及毒品贸易的领头人--那些地狱犬--

的巨额利润而兴旺发达。当封面的一角被拉回时，瑞士的"干净
"形象**开始被玷**污。撒切尔夫人担任首相时，参观了伦敦希思罗机场的英国海关岗位。她的目的是为海关官员提供一个**关于**应对毒品威胁的
"鼓舞人心的谈话"。**多么虚**伪的行为!英国主要的保守派报纸嘲笑撒切尔夫人的努力，但没有说她是个伪君子，也没有透露谁对威胁负责的真相。

"哦，"**你说，**"但美国人和英国人最近查获了一些值得注意的毒品。"是的，但这是市场上可用药物总价值的0.0009%。这就是那些大毒贩和他们可敬的银行家所说的
"做生意的部分成本"。任何参加过年轻吸毒者葬礼的人--
每天都有很多--
都不能不被首相**关于英国面**临的毒品问题的讲话所感动。没有人可能会对她对毒贩的强硬态度感到震惊。"我们在追**捕你，"她**说。"我们将无情地追捕你"。

撒切尔夫人。

"努力会越来越大，直到我们击败你。惩罚将是长期监禁。惩罚将是没收你通过毒品走私获得的一切。许多英国人还将拒绝来自国外的呼吁，以帮助被抓获的走私毒品的英国人，例如一名年轻的英国人因试图通过槟城机场走私海洛因而在马来西亚被判处死刑。给我们打电话是没有意义的。在马来西亚各地，你会发现海报上写着，对贩毒的惩罚是死刑。"

这很好，但这样就应该以同样的力度适用于所有英国贵族阶层的高层人士。当一个年轻的英国人因贩毒而在马来西亚被处决时，Debretts'Peerage（英国有头衔的家族的上层名单）中的一半人也应该被处决。撒切尔夫人认为谁会受到**她新的** "强硬 "立场的影响？她是否认为香港的大家族--凯斯威克和马西森家族会被她的言辞所吓倒？她的话可能起到了**吓跑几条小鱼**的效果，但那些光滑的大鱼逃出了她的网，被抓到的小鱼很快就被成千上万的小鱼所取代，急

于取代它们的位置。

毒品威胁不会在街角一级得到解决。就我而言，根据我多年来对这个问题的研究，我认为，至少在英国，毒品交易是由英国等级制度中的最高层人士管理的，他们甚至利用耶路撒冷圣约翰法师团这样的机构。

早在1931年，英国五大公司的首席执行官就被任命为王国的同僚，以示奖励。谁来选择授予制药业高层管理人员的**荣誉？在英国，它是伊**丽莎白-
圭尔夫女王，更有名的是温莎家族的首领。参与这项业务的银行不胜枚举，但其中一些主要银行有米德兰银行、国民和威斯敏斯特银行、巴克莱银行，当然还有加拿大皇家银行。

伦敦市的许多所谓的   "投资银行家
"在毒品贩运方面都是如鱼得水，例如汉布罗斯这样的老牌金融机**构**。让我说得更具体一些，提到像安东尼-
伊登爵士的家族这样的杰出人物。

根据我看到的秘密文件，以及根据我对这些文件的最佳分析，伊登家族本来有资格进入撒切尔夫人的
"**荣誉名**单"。如果人们能够像我幸运地检查伦敦的印度办公室档案，我相信就会清楚地看到，没有其他结论可言。我深深感谢已故弗雷德里克-威尔斯-
威廉姆森教授的论文保管人，感谢他在我研究这些文件时给予我的帮助和协助。如果这些文件被公之于众，那么在欧洲有头有脸的毒蛇们的头上会爆发出多么大的风暴啊!海洛因的泛滥有可能吞噬西方世界。这项庞大的事业在大西洋**两岸都得到了指**导和资助--
由英美自由派机**构的某些**成员进行。

什么是海洛因？

它是鸦片的衍生物，而根据著名的盖伦的说法，鸦片是一**种能使人感官死寂并**诱发睡眠的药物。它也是市场上最容易上瘾的药物之一。印度莫卧儿人很早就知道罂粟籽，他

们用罂粟籽与茶叶混合，在不适合砍掉敌人的头时，用这**种**饮料招待他们。

早在1613年，第一批鸦片就通过东印度公司从孟加拉运抵英国，但这些进口品只是少量的。要让英国资产阶级使用这种药物是不可能的，这就是为什么英国东印度公司一开始就进口这种药物。在这样的失败下，寡头们开始寻找一个不会如此缺乏**灵活性的市**场，而中国是他们的选择。

在印度办公室的杂项旧记录中，我发现证实了鸦片贸易是随着该药物被引入中国而真正起飞的。英国东印度公司（BEIC）官员乔治-伯德伍德爵士的个人文件也证实了这一点。大量的鸦片很快被**运往中国**。BEIC在英国失败了，但在中国的苦力中却取得了超出其最乐观预期的成功，他们的悲惨生活因为这**种**药物而变得可以忍受。

直到1729年，中国政府才颁布了许多禁止使用鸦片的法律中的第一部，从那时起，英国寡头开始了与中国当局的斗争，这场斗争中，中国人输了。美国当局也同样在与当今的毒枭进行斗争，正如中国人在战斗中失败一样，美国也在持续的战斗中失败。

当我谈到印度的孟加拉鸦片时，我说的是用生长在恒河流域的罂粟的种荚制成的鸦片。最好的鸦片来自比哈尔和贝拿勒斯，当然也有很多来自印度其他地区的劣质鸦片。最近，质量上乘的鸦片（如果"上乘"一词可以适用于这样一种危险的产品的话）正大量地从巴基斯坦流出。这一庞大贸易的利润多年来一直被称为"帝国的战利品"。

在1791年的一次引人注目的审判中，一个叫沃伦-黑斯廷斯的人被指控以牺牲东印度公司的利益来帮助一个朋友致富。实际的措辞很有意思，因为它证实了所赚的巨额资金。

指控黑斯廷斯

"在没有宣传的情况下，以明显的滥用条款向斯蒂芬-
沙利文先生授予了一份为期四年的鸦片供应合同，目的是
为上述斯蒂芬-
沙利文先生立即创造财富。由于半官方和官方的东印度公
司掌握着垄断权，唯一被允许 "立即发财
"的人是英国所谓的 "贵族"、"贵族
"和寡头家族。像沙利文先生这样的局外人，如果胆敢试图
帮助他们进入数十亿英镑的商业游戏，很快就会发现自己
陷入了麻烦之中！"。

1986年，我看到**一份来源最可疑的出版物（我的意思是**，
它显然是克格勃第三部门的产品），它声称表明毒品贸易
与神话中的 "纳粹
"有**关**。**印制**这个东西的组织还在追随纳粹。如果纽约动物
园里的骆驼感冒了，那就是神话中的 "纳粹 "的错。

五年的调查，包括与据称是神话中的纳粹在瑞士银行的银
行账户背后的领导人和组织天才的几次个人谈话，使我相
信，印刷文件的作者只是在提供廉价的虚假信息。所谓的
"纳粹 "与毒品贸易完全没有关系，与英国人和美国人不同--
这是美国缉毒署所熟知的事实。

正如我以前多次指出的那样，现在仍有怀疑者，尊敬的BEI
C有一长串董事，他们都是尊敬的国会议员，只属于伦敦最
好的绅士俱乐部，他们处理利润丰厚的鸦片贸易，不容忍
来自英国政府或其他任何人的干**涉**。**英国和中国**之间的贸
易是由英国国际商会垄断的。该公司有一个小诀窍：它的
大多数成员，在印度和国内，也都是治安法官。甚至连公
司签发的护照都需要在中国登陆。

当一些调查员到达中国调查关于英国鸦片贸易的指控时，
他们的英国护照很快被东印度公司的 "法官
"吊销。与中国政府的摩擦很常见。从官方来说，中国已经
通过了一项法律（1729年的《容城诏书》），禁止进口鸦
片。然而，英国东印度公司确保，直到1753年，鸦片仍被

列入中国的**关税**书，每份鸦片的关税为三两。当时，英国君主的特别特务（当时的"007"）**确保**麻烦的人被收买，如果因为他们有很多钱而不能被收买，就干脆把他们消灭。

英国的殖民资本主义一直是英国寡头的封建制度的主要留存，直到今天仍然如此。1899年，当贫穷的、没有受过教育的、军事装备落后的南非农民游击队落入英国贵族的毒品之手时，他们不知道，对他们发动的残酷无情的战争，只是因为英国在中国的毒品贸易的"瞬间财富"带来的难以置信的资金，流入组织战争的财阀的口袋。战争的真正煽动者是来自德国的巴尼-巴纳托和阿尔弗雷德-贝尔特，以及罗斯柴尔德银行的代理人塞西尔-约翰-罗兹，这家银行充斥着由毒品贸易产生的钱海。他们并不满足，他们想要的是南非荒地土壤下的黄金和钻石财富。这三个人在英国议会的帮助、鼓励和保护下，抢劫了黄金和钻石的合法主人--布尔人的巨额财富。

乔尔家族和奥本海默家族是参与黄金和钻石开采的主要家族，在我看来，他们是有史以来毁坏地球的最大盗贼，我对做出如此严厉的判断并不感到抱歉。

普通的南非人本应从南非底土开采的价值数十亿美元的黄金和钻石中受益，但他们几乎没有从这笔巨大的财富中得到任何好处。简而言之，南非人被剥夺了与生俱来的权利，因为与真正的资本主义不同，南非的巴比伦资本主义制度不允许分享财富；财富不会渗透到那些赢得财富的人身上。

从经济上讲，这是一个世纪的罪行，而这一切都得益于鸦片贸易带来的巨大财富，它使维多利亚女王能够资助一场针对布尔人的伟大压迫战争。外人几乎不可能洞悉英国寡头政治和其内部相互依存的家族的秘密。我估计，95%的英国人要靠不到20%的国家财富来维持生计，而这就是他们所谓的

"民主"。因此，难怪美国共和国的开国元勋们憎恨和鄙视
"民主"。

寡头们为自己涂上的保护色的伪装是很难穿透的。然而，
它**影响到每个美国人的生活**，因为英国的命令，美国就会
执行。

历史上有很多这样的例子。只要看看英国通过卢西塔尼亚
号**沉没的弥天大**谎将美国拖入第一次世界大战的宣传，就
知道我的说法是多么真实。我们在这里谈论的不是
"好的英国绅士"，而是一个无情的精英阶层，他们决心保
护自己的生活方式，并与毒品交易有着千丝万缕的联系。

大多数具有一定地位的英国政治领导人都是所谓的有爵位
家庭的后代，爵位在现任者去世后传给长子。这种制度起
到了掩盖一**种特**别的外来因素的作用，这种因素已经悄悄
进入高级贵族阶层。以主宰第二次世界大战行为的人，英
国驻华盛顿大使哈利法克斯勋爵为例。他的儿子查尔斯-
伍德娶了一位普里姆罗斯小姐，她是非常无耻的罗斯柴尔
德家族的一个亲戚。在斯威斯林勋爵这样的名字背后是与
伊丽莎白女王有关的蒙塔古的名字，他是壳牌石油公司的
大股东。当然，没有人提到她从毒品贸易中获得的巨额财
富，正如我所表明的，这种贸易可以追溯到18_00世纪。

中国鸦片贸易的主要参与者之一是帕默斯顿勋爵，他顽固
地坚持认为这种贸易可以无限期地继续下去。

他的一个手下在现场写了一封信，一位叫埃利奥特的先生
说，给中国政府提供足够数量的鸦片就能形成垄断。此后
，英国将限制交货，迫使中国的   "苦力
"为其剂量支付更多费用。然后，当中国政府屈服时，英国
人又会提出以更高的价格向他们供货，从而通过中国政府
维持其垄断地位。但这个计划并没有成功多久。中国政府
的反应是销毁了储存在仓库中的大批鸦片，英国商人被命
令签署个人协议，不再向广州城进口任何鸦片，他们的报
复是与各种幌子公司签订合同，代表他们进口，不久之后

，在通往澳门的道路上，许多船只都装满了鸦片货物。

中国专员林说。

> "现在在通往这个地方（澳门）的道路上，英国船只上有大量的鸦片，这些鸦片将永远不会被送回它的国家。它一定是在这里的海岸线上出售的，如果我知道它是用美国的颜色走私进来的，我将不会感到惊讶。"

但是，让我们继续谈一谈这种臭名昭著的贸易的最近历史，它已经扩大到包括大量的可卡因，以及合法生产的利润巨大的毒品，如安定，和其他所谓的"处方药"。英国的寡头家族将他们的总部从广州搬到了香港，但仍然从事同样的业务。2009年，他们仍然在那里，正如殖民地的知名人士名单所示。

正如我在以前的书中所说，由鸦片贸易产生的第二产业，使香港成为世界上最重要的黄金交易中心。黄金被用来支付生产鸦片原料的农民；毕竟，中国的农民拿着一张100美元的钞票能干什么呢？鸦片占中国国民生产总值的64%，这让你对这种 "资产负债表外"贸易的规模有一个概念。据非官方估计，它相当于欧洲五个最小国家，即比利时、荷兰、捷克共和国、希腊和罗马尼亚的国民生产总值（GNP）的总和。

金三角也许是阿富汗以外的主要鸦片原料供应地，尽管其地位受到巴基斯坦、印度、黎巴嫩和伊朗的争夺。银行在这一有利可图的贸易中的作用是什么？这是一个非常长而复杂的故事，这要等到下一本书。一种方法是间接方法，即银行为进口将原料鸦片转化为海洛因所需化学品的幌子公司提供资金。

在伦敦有一个大型分行的香港上海银行，是此事的核心。一家名为Tejapaibul的公司与香港上海银行（被亲切地称为"宏商银行"）开展银行业务。这家公司是做什么的？它进口大量的醋酸酐，这是炼油过程中的关键化学品。这家公司是金三角地区醋酸酐的主要供应商。这种贸易的融资是

由弘商银行的一个子公司--
曼谷城市银行处理的。因此，与金三角地区鸦片贸易有关
的次要活动，虽然没有鸦片贸易本身那么重要，但却给这
些银行提供了非常可观的收入。

我曾因将黄金价格与鸦片贸易的起伏联系起来而受到批评
。让我们看看1977年发生的事情，那是一个对黄金至关重
要的年份。中国银行突然毫无征兆地向市场释放了80吨黄
金，这让黄金爱好者和那些在美国大量发现的精明预测者
感到震惊。

专家们不知道，中国购买和储存黄金已经有很长一段时间
了。这推动了黄金价格的下降。专家们只能说，他们不知
道中华人民共和国有这么多黄金！"。黄金是从哪里来的？
它来自鸦片贸易，在香港被用作
"货币"，但我们的黄金价格预测天才们不可能知道这一点
！"。

英国人并不是唯一在金三角地区活动的人。主要买家（或
其代表）经常从西方各地前往香港进行采购。海洛因从香
港港口被大量运出，注定要运往西方，在自称的 "摇滚
"音乐会上分发。红色中国很乐意与双方合作，进行这样一
个有利可图的冒险。顺便说一句，在毒品贸易方面，中国
对英国的政策与19_00世纪时几乎没有变化。如果没有达成
协议，与香港经济相关的中国经济将受到巨大打击。

这方面的证据之一是中国接受了来自标准和渣打银行的贷
款。此后，马西森家族在中华人民共和国和马西森银行联
合开发的一个新的房地产项目中投资了3亿美元。在现代的
香港市区，无论你在哪里看到新的高楼大厦，都证明了大
银行、鸦片贸易和红色中国之间的密切联系。

我想引用委内瑞拉大使前段时间在联合国所说的话，我认
为这是一个非常周密的声明。

> "毒品问题已经不再被当作单纯的公共卫生问题或社会问题
> 来对待。这是一个严重而深远的问题，影响到我们的国家

主权；是一个国家安全问题，因为它破坏了国家的独立。"

毒品，以其生产、销售和消费的所有表现形式，通过伤害我们的道德、宗教和政治生活，我们的历史、经济和共和价值观，使整个世界非国家化和非自然化。这正是IMF和国际清算银行（BIS）的**运作方式**。**我毫不犹豫地**说，这些银行不过是毒品交易的清算所。

国际清算银行通过建立允许逃逸资本轻松流动的设施，帮助国际货币基金组织想要沉沦的任何国家。国际清算银行也没有区分 "飞行资本"和洗钱的毒品资金。即使它能区分，国际清算银行也从未说过，正如其2005年的年度报告所表明的那样。回到委内瑞拉大使的发言，我们看到，国际清算银行通过国际货币基金组织的要求，干预许多国家的社会、宗教、经济和政治生活，正在严重地使这些国家非国家化。如果一个国家（包括美国）拒绝屈膝，国际清算银行实际上是在说："好**吧，那我**们就用我们为你持有的大量麻醉品美元来勒索你。现在很容易理解，为什么黄金被非货币化，并被纸质"美元"取代，成为世界上的储备货币。敲诈一个持有黄金储备的国家，不像敲诈一个持有毫无价值的纸质 "美元"的国家那**么容易。**

在香港举行的国际货币会议小型峰会上，一位内部人士参加了会议，他是我的消息来源，会议讨论了这个问题，从我被告知的情况来看，国际货币基金组织非常确定它可以做到这一点--用 "掺假的美元"敲诈各国，这些国家不愿意遵守其条款。

瑞士信贷的Rainer E. Gut说，他预见到一种情况，即国家信贷和国家金融将很快被置于一个单一的组织之下。虽然他没有具体说明，但很明显，古特说的是作为单一世界政府的一部分的国际清算银行。我不希望任何人对此有任何疑虑。

从哥伦比亚到迈阿密，从巴勒莫到纽约，从金三角到香港，毒品是大生意。这不是街头巷尾毒贩子的买卖。你和我一样清楚，成功组织世界上最大的贸易需要大量的资金和专业知识。

这些人才在纽约的地铁和街角是找不到的，尽管经销商和小贩是这个系统不可或缺的重要组成部分，即使他们只是小商贩，很容易被取代。如果有几个人被逮捕，或被杀害，这有什么关系呢？有很多替代者。不，这不是一个小组织，而是一个庞大的帝国，这个肮脏的毒品生意。而且，在必要时，它是自上而下的，由它所接触的每个国家的最高层人员管理。

如果不是这样，就像国际恐怖主义一样，它早就被消灭了--它不仅还在运作，而且还在增长，这一事实应该向任何有理智的人表明，这种活动在最高层有其基础。

参与这项世界上最大的贸易的主要国家是苏联、保加利亚、土耳其、黎巴嫩、美国和法国、西西里岛、西南亚、印度、巴基斯坦、阿富汗和拉丁美洲，但不是按重要性排序。从消费者的角度来看，美国、欧洲和最近的英国是主要市场。

正如我所提到的，在苏联、铁幕国家和马来西亚都没有出售毒品。许多生产国，如土耳其，对毒品使用者和小商贩的处罚非常严厉。一些国家甚至适用死刑--
只针对小鱼，以向世界展示他们是多么 "反毒"。

毒品帝国分为两种
"产品"，即传统的海洛因和相对较晚到来的可卡因。还有第三类毒品是由 "合法 "公司制造的，如臭名昭著的霍夫曼-拉罗什公司，它们生产致命的物质，如LSD、Quaaludes和安非他明；街头的人称之为　　　"兴奋剂和抑郁剂　　"的 "罂粟天堂"。这个帝国是一个松散的企业吗？答案似乎是一个有条件的
"是"。也有例外的情况。保加利亚著名的制药公司Kintex无

疑是保加利亚的一家国有企业。大多数与脏钱打交道的银行（他们知道这是脏钱）都是知名的跨国银行，它们通过子公司的网络开展工作。

例如，Kintex公司拥有自己的仓库、卡车车队，包括国际共同市场条约（C.M.T.）所涵盖的车辆，以及一个复杂的快递网络，包括飞行员和航空机组人员。

对于那些不熟悉联合国欧洲经济委员会的人，让我解释一下，TIR车辆是国际公路三角区的卡车，有明确的标记；它们应该只运送易腐烂的货物。它们应该在出发国由该国的**海关人**员进行检查，并加盖特殊印章。

根据成员国的国际条约义务，这些卡车不应该在边境被拦截，总是不经检查就通过。问题是要相信保加利亚人和土耳其人的话，并希望TIR**卡**车不包含海洛因、可卡因或生鸦片、大麻或安非他命。问题是，在许多情况下，TIR**卡**车确实含有大量藏匿的毒品。

毕竟，众所周知，毒枭们不尊重国际条约，而且，无论如何，他们总是可以要求他们在其他国家的受雇傀儡代替文件，隐瞒TIR**卡**车来自保加利亚索菲亚的事实。

阻止这些大量的海洛因和大麻从远东进入的唯一方法是结束TIR系统。但这恰恰是它被设定为做的事情!忘掉易腐烂货物和贸易便利化。对世界来说，这都是烟雾和镜子。在太多的情况下，TIR是毒品的同义词。当你下次读到在肯尼迪机场的一个假底行李箱中发现大量海洛因并逮捕一名不幸的   "骡子"时，请记住这一点。对于新闻媒体来说，这完全是**"小啤酒"**。

其他**种植**罂粟的地区是土耳其、巴基斯坦和伊朗。但正如三百多年来的情况一样，"最好   "的东西来自印度-巴基斯坦和泰国。在这些高山和峡谷的偏远地区，山地部落**种植**这种植物，用刀片切割后从豆荚中收集浓稠的汁液。

这些资源大多掌握在泰国野生部落手中，而在印度，正是俾路支部落在耕**种和收**获商业黄金作物。他们称之为"金三角"，因为这些部落坚持用黄金支付。为了方便他们，瑞士信贷已经开始销售一公斤重的纯金条（在交易中被称为四分之一），因为这些小金条易于运输和交易。这些黄金大部分通过香港，在香港黄金交易商所说的"兴奋剂季节"的高峰期，香港的黄金交易量比纽约和苏黎世的总和还要多。据估计，仅这一地区在好年景下就生产了约175吨纯海洛因。然后，海洛因被输送到西西里黑手党和法国方面，在从马赛到蒙特卡洛的法国海岸的实验室中提炼（包括格里马尔迪家族--虽然我并不是说他们的宫殿里有一个实验室！）。)

遵循的路线是通过伊朗和土耳其，以及通过黎巴嫩。巴基斯坦的贸易是通过马克拉海岸。在伊朗，"**运动**"是由库尔德人进行的，几个世纪以来一直如此。主要过境地区之一当然是土耳其，但最近贝鲁特变得极其重要，因此那里发生了战争，因为每个地方的男爵都试图划分出一个封地，瑞士和黎巴嫩的银行在那里帮助管理金融方面的事情。现在土耳其有非常大的炼油厂，这是一个相当新的发展。同样，在巴基斯坦，作为   "军事防御实验室**"运作的新**实验室正在提炼原料鸦片，使其更容易向下游运输。

这可能是美国支持巴基斯坦而不是印度的原因；因为一些银行在巴基斯坦有大笔投资，而且不是在咖喱粉或地毯上！这就是美国支持巴基斯坦的原因。但最后更精细的提炼工作仍在土耳其和法国海岸的实验室进行。

停在那里，考虑我所写的内容。难道在我们掌握了所有先进的技术、方法和设备的情况下，执法部门不能发现和摧毁这些海洛因工厂？如果这是真的，那么我们的西方情报部门需要老年病治疗，不，他们肯定早就死了，而我们却忘了埋葬他们！

即使是一个孩子也能告诉我们的药物机构该怎么做。控制所有生产醋酸酐的工厂将非常简单，醋酸酐是提炼海洛因所需的基本化学成分。它简单到令人发笑，让我想起了《粉红豹》系列动画片和电影中的
"克鲁索探长"。我想即使是可怜的老克鲁索也能通过追踪醋酸酐的路线和目的地找到这些实验室。各国政府应通过法律，要求制造商对产品卖给谁进行特别记录。但在这一点上不要屏住呼吸；请记住，毒品交易是由欧洲、英国的寡头和美国的老   "贵族
"家族控制的大企业的代名词。现在，不要生气，告诉我
"不，这不是真的"。

当然，英国和美国的贵族家庭不会在商店的橱窗里为他们的商品做广告，在这样一个肮脏的行业中，你需要肮脏的人去经营它，因此有黑手党。在中国的鸦片贸易中，贵族们从来没有弄脏过自己的手，此后他们也变得更加聪明了。如果他们中的一个人偶然被抓获，你永远不会听说，他将很快被释放。

毒品交易是由一个松散的组织管理的吗？同样，一个合格的是，但请记住，美国和英国是由300个家族管理的，他们都是通过公司、银行和婚姻来相互联系和交织的，更不用说他们与黑人贵族的联系。虽然它是一个松散的实体，但不要试图穿透它。

如果**你在错误的街区**问问题，你就有可能在你身上发生非常奇怪的事情--
至少如果**你仍然是完整的。在平等和均匀的运输中，"货物**
"从土耳其下来，**到达保加利亚**。在那里，它们被重新包装在TIR**卡**车上，运往亚得里亚海沿岸的的里雅斯特或法国海岸。同样，为什么不对这两个地区的每辆TIR**卡**车进行监控，并将其置于24小时的监视之下？还有海上航线和空中航线，都受到 "上级机关 "的良好保护。

正如我所说，一个骡子被抓住了，有时甚至是一大批货物

被抓获，但没有那么多海洛因（因为它更有价值）；主要是可**卡因和大麻被消耗了**，这是做生意的成本的一部分。虽然看起来很奇怪，但在涉及小量的时候，"提示"往往来自于毒贩子自己。

在南美洲，打击的是可卡因。可卡因的 "制造"相对简单和便宜，基本产品可以以低价获得。如果一个人准备好承担风险，与其说是涉及执法部门，不如说是落入可**卡因大王的网中，就能**发大财。

闯入者不受欢迎，通常最终成为不断爆发的 "家庭争斗"的受害者。主要的可**卡因生**产国是哥伦比亚、玻利维亚和秘鲁，还有一些试图将古柯树引入巴西的尝试。在哥伦比亚，毒品黑手党是一个紧密相连的黑帮家族，为当局所熟知。

问题是要对它们做些什么。可卡因大亨们享有英国和美国最高当局的保护，他们公开鄙视像哥伦比亚总统贝当古这样真诚的反毒品斗士的努力。

贝当古在其有限的资源允许的范围内做了很多事情，但这还不够。可卡因经销商和生产商的祸害继续主导着哥伦比亚的国民生活。似乎没有办法根除它。贝当古为生存而进行了一场巨人的战斗。毒枭们则从国际货币基金组织那里得到了所有能得到的**帮助**，问题不再是贝当古能否生存，而只是他能在权力上坚持多久。美国的另一个主要可卡因供应国是玻利维亚，西莱斯-苏阿索总统曾在短时间内试图阻止可卡因流入美国的潮流，但他的努力失败。同样，他的每一步都遭到了国际货币基金组织和国际清算银行（BIS）的反对。他的每一项经济计划都被国际货币基金组织宣布为 "不可接受"。劳工动乱被煽动起来；罢工和 "示威"阻碍了他的管理。欧洲的毒蛇们的冠冕堂皇的头颅策划了这场反西拉的运动。塞拉斯没有得到玻利维亚军队的支持；在塞拉斯上台之前，有太多的高级军官被可卡因大亨们

高薪聘用。他们怀念工作带来的
"好处"。他们不喜欢国际货币基金组织实施的紧缩政策。1985年7月14日，事情出了问题，塞拉斯在全国选举中被赶下台。

1971年至1978年的国家前领导人乌戈-班泽-苏亚雷斯赢得了一场大胜。这并不出乎意料，因为苏亚雷斯得到了华尔街银行家和亨利-基辛格的朋友非常有力的支持，当然他也得到了玻利维亚军官阶层的信任投票。

作为前独裁者和玻利维亚黑手党的朋友，人们期望苏亚雷斯能够扩大可卡因贸易。作为他从国际货币基金组织获得援助的
"回报"，苏亚雷斯被期望执行国际货币基金组织强加给玻利维亚的残酷条件，因此我们看到许多玻利维亚人在随后的几个月里死于饥饿和饥荒。当然，所有这些都与《全球2000年报告》相一致。与此同时，名副其实的可卡因洪水开始涌入美国。

国际货币基金组织代表英国和美国的毒品贸易等级制度行事，成功地使玻利维亚陷入混乱。事实上，在举行选举期间，国家是无法治理的。这就是委内瑞拉大使所说的
"毒品交易破坏了国家主权、政治和经济
"的意思。我想不出比玻利维亚更清楚的例子了。随着班泽的胜利，国际货币基金组织的仙女教母突然宣布，它将支持玻利维亚与外国债权人进行谈判。玻利维亚的主要产业是采矿和农业。这两个部门都处于破产状态，这是国际货币基金组织故意设置的，目的是赶走西里斯，惩罚他反对可**卡因**贸易的立场。国际货币基金组织的成功是非常明显的。**另一个可卡因主要生**产国秘鲁也因其新领导人的反可**卡因立场**而受到国际货币基金组织的攻击。1985年8月2日，政府宣布打击非法货币贩运者，逮捕了两百多人，利率降低，最低工资增加了百分之五十。

这绝对违背了国际货币基金组织的要求和条件，该组织要求采取严格的紧缩措施。国际货币基金组织迅速采取了行动。

几乎被粉碎的游击队运动突然开始有了新的活力，并在其领导人阿比纳-古斯曼（Abinal Guzman）的带领下，大肆屠杀数百名农民。爆炸事件震撼了利马。

经济瘫痪了。由于对这种混乱局面感到厌恶，国家呼吁建立一个强有力的领导人。它在日本裔秘鲁公民阿尔贝托-藤森身上找到了他。藤森是一个非常有**荣誉感和正直的人**，他似乎是使秘鲁摆脱毒品贸易祸害的最佳希望。以压倒性优势当选后，藤森面临的艰巨任务是在经济方面与国际货币基金组织和国际清算银行以及资金雄厚、组织严密的游说团体进行斗争。

美国和英国支持古兹曼和他的游击队。

第二章

阿富汗在国际鸦片/海洛因贸易中的作用

阿富汗再次成为新闻焦点，原因很简单，它是原始鸦片的主要来源之一，自英国东印度公司（BEIC）的时代起，它就是300人委员会的祖先。我还将研究巴基斯坦在罂粟种植中的作用，并解释为什么美国至少三次对巴基斯坦的民选政府被推翻并被军事政权取代的情况视而不见，而智利和阿根廷却因同样的 "罪行 "而受到 "特别措施 "的制裁。

阿富汗是一个古老的穆斯林国家，位于兴都库什山脉北部。在海巴克山谷发现的一些古代乐器已被碳化时间测定，显示它们至少有一千年的历史。吸引西方人来到这个国家的原因是，它拥有种植罂粟的理想气候和土壤，而罂粟可以生产鸦片。1747年至1929年，该国由巴拉克扎伊王朝统治，并以王朝成员与部落领袖之间的长期冲突而闻名。

在18_00世纪之前，该国处于波斯人的统治之下，部分地区处于印度人的统治之下。巴拉克扎伊家族统治鸦片贸易至少有150年之久，正如我们所知，当美国武装部队推翻塔利班时，他们让该家族的一名成员哈米德-巴拉克扎伊掌管阿富汗，目前这个国家正处于他的控制之下。

1706年，坎大哈宣布独立，1709年，吉尔扎因领导人、逊尼派穆斯林米尔-韦斯在坎大哈击败了派来对付他的波斯军队，使鸦片贸易一直在英国人手中。

1715年，米尔-阿卜杜拉接替了米尔-
韦斯，但他在试图与波斯人媾和时被抓，并于1717年被推
翻。随后是一段激烈的竞争时期，接着是阿富汗对波斯的
入侵。

1763年，帖木儿的儿子扎曼-
沙赫上台，但他并没有团结起来，而是以全面的、不间断
的部落竞争和激烈的战斗为标志。他的父亲是一个胆小的
统治者，无法阻止印度夺取他的一些领土，包括在1793-
1799年的战斗中输给锡克教徒的旁遮普。

1799年，BEIC的使者**开始抵达坎大哈**，与统治者沙赫-
舒贾会面。1809年，在沙赫-
舒贾去世前，北京国际会议中心与他缔结了一项协议，帮
助他击退
"外国人"，特别是来自波斯和印度的外国人。1818年，马
哈茂德-
沙阿控制了国家，并着手加强与BEIC的**关系**，**后者当**时负
责以大片罂粟田的形式进行
"农业扩张"。波斯人感觉到有丰厚的回报在等着他们，于
是在1816年入侵了这个国家，但被Path　　　　　　　All
Kahn赶了出去，他是一名士兵，也是BEIC的亲信。

1818年，各部落对种植罂粟和向北京国际刑事法院出售生
鸦片的收入进行了反叛。结果，阿富汗被划分为部落飞地
，喀布尔、坎大哈和加兹尼等。正是在这个分裂时期，印
度从阿富汗偷走了克什米尔，因为它想从利润丰厚的鸦片
蛋糕中分一杯羹。1819年，经过一系列的部落战争，多斯
特-
穆罕默德夺取了喀布尔，成为加兹尼和坎大哈的统治者。
波斯看到了从BEIC政权下蓬勃发展的鸦片贸易中获利的机
会，于1837年袭击了赫拉特，一场部落冲突爆发，一直持
续到1838年7月。牢牢掌握在英国手中的鸦片贸易是这场冲
突的原因。英国政府仍在寻找解决方案，与兰吉特-
辛格和沙-苏朱达成协议，在BEIC的主持下，恢复沙-

舒贾的王位，从而统一各部落，有效地封锁波斯。但英国人不知道的是，多斯特-穆罕默德通过从事鸦片贸易，在BEIC之外进行交易而发了财。

1839年，驻扎在印度的英国军队在第一次阿富汗战争中进入阿富汗。他们废黜了多斯特-穆罕默德，并将他流放到印度。他的财产被BEIC没收，英国军队控制了主要城镇，但他们很快发现，他们面对的是一支难以捉摸的来自两个联盟的部落力量。

在这一时期，没有任何东西可以阻挡罂粟的种植，大量的原始鸦片被运出阿富汗，通常通过后来的巴基斯坦。在这一时期，由于该公司知道如何控制当地部落并确保保护其有利可图的投资，因此获得了巨额利润。在伦敦的下议院提出了这样的问题：在没有重大理由的情况下，为什么英国军队要部署在阿富汗这样一个荒凉的国家。这些可怜的议员们并不知道BEIC每年赚取的巨额财富。当英国人宣传他们与中国"军阀"（实际上是中国政府的海关人员）的斗争时，他们对他们在阿富汗的战争进行了保密。

当多斯特-穆罕默德的部落对英国人发动战争时，英国报纸把它当作"部落小规模冲突"，甚至根本不提。一支英国部队在前往坎大哈的途中遭到了多斯特-穆罕默德部队的袭击，他们被击退，其领导人被俘并被流放到印度。

1842年，亚历山大-伯恩斯爵士将沙赫-舒贾重新送上王位。伦敦认为这一行动会安抚各部落，但它反而导致了巨大的动荡，最终导致亚历山大爵士和一位名叫威廉-麦克诺顿爵士的英国特使被谋杀。这是反对英国统治的全面起义的信号，奥克兰勋爵派出一支由16000名英国人和塞波伊士兵组成的英国部队占领了喀布尔。但起义非常强烈，英国军队不得不从喀布尔撤到坎大哈。但在回来的路上，英军遭到了3000名部落成员的伏击，给他们造成了很多伤亡。部族人认为是英国人的傀儡的舒贾（Shah Shuja）也被杀害。

阿富汗人随后控制了罂粟田，各军阀开始对出国的鸦片路线进行控制。更糟糕的是，他们开始向穿越印度的BEIC商队索取贡品。

驮着生鸦片的商队在没有进贡的情况下遭到袭击，鸦片被盗，许多人被军阀杀害。正是在这些事件中，鲁德亚德-吉卜林写下了他**关于守**卫开伯尔山口路线的英军的勇敢故事。普通英国公民对这些勇敢的故事充满热情。他们不知道英国士兵是以一个价值数十亿美元的私营企业的名义被牺牲的，这与"上帝、女王和国家"毫无**关系**。

在此期间，各军阀在多斯特-穆罕默德的儿子阿克巴-**卡恩的**领导下，形成了松散的联盟。

1842年，一支由乔治-波洛克爵士指挥的英国军队从印度抵达，夺回了喀布尔。数百名**涉嫌参与使英**军损失惨重的袭击的部落成员被立即处决。多尔斯特-穆罕默德被乔治爵士重新安置在王位上。他立即着手击败鸦片部落派别，并惩罚那些抢占BEIC罂粟田的人。

由于其   "高尚"的工作，1855年3月30日，英国政府与穆罕默德签署了《白沙瓦条约》，允许其控制坎大哈和喀布尔，但不包括赫拉特重要的赫尔梅特罂粟田，这些罂粟田是波斯人从BEIC那里夺取的。尽管如此，BEIC在阿富汗生产的原料鸦片贸易**开始与恒河流域和**贝拿勒斯的贸易相媲美。

随后，英国向波斯宣战。无辜的英国公众被告知，这场战争是因为波斯试图夺取英国的殖民地领土。1857年，波斯人被打败，通过在巴黎签署的条约选择了和平，他们在条

约中承认了阿富汗的
"独立"，并放弃了对该领土的所有要求。英国傀儡多斯特-穆罕默德被派去控制赫拉特，但部落间的争斗使该地区在接下来的五年里一直处于动荡之中，多斯特在1863年才成功地将其置于英国的管辖之下。如果说英国人在阿富汗学到了什么，**那就是**这个。在所有派别彼此达成一致之前，千万不要假装控制一个地区，这可能需要很长时间。赫拉特是一个很好的例子。经过10个月的围困，该地区的一个部落才松动了控制权。就在他们以为已经 "平定"了一切的时候，多斯特在1870年去世了，而几乎在同一时间，赫拉特陷入了内战，因为多斯特的弟弟，一个叫谢尔-阿里的人，试图维护他的继承权。由于无法让部落达成一致，阿里向俄国求助，因为他对英国人已经失去了信心。1878年6月，一个由斯托列托夫将军率领的俄国代表团抵达喀布尔。BEIC立即发出警报，由于Sher All拒绝接受英国代表团的还价，双方再次开战。这场战争持续了一年（1878-1879），期间谢尔-阿里被杀。英国军队对俄国人可能结束他们与阿富汗有利可图的鸦片贸易深感震惊，在他们的傀儡、谢尔-阿里的儿子雅库布的领导下入侵了整个地区。英国军队随后分散并驻扎在整个国家。正是在这个时候签署了一项条约，根据该条约，英国将每年支付75,000美元的 "保护费"，以**确保**鸦片商队安全通过开伯尔山口，英国军队在那里驻扎，帮助执行该协议。

当然，鲁德亚德-吉卜林的叙述中没有提到为什么女王陛下的部队要守卫车队，如果部队的真正任务被揭露，毫无疑问，所有的地狱都会崩溃。

英军陶醉于他们认为在喀布尔的任务取得了完全的成功，**开始放松警惕**，因为不再有对罂粟田的袭击或对通过开伯尔山口的车队的攻击。但对伦敦来说，一个粗暴的觉醒潜伏在背景中。1879年9月3日，路易斯-

卡瓦格纳里爵士（威尼斯老牌黑人贵族的后裔）在他的护卫下被暗杀，国家陷入了另一场战争。雅库布被指控在英国人背后与叛乱部落密谋，于1879年10月19日被废黜。

1880年，当英国人准备与南非的布尔共和国开战以剥夺该国巨大的黄金资源时，一位新的阿富汗统治者出现了，他就是阿里-谢尔-阿里的**侄子阿卜杜勒-**
拉赫曼。英国人对这个新人很满意，他成功地维持了和平，并将自己的权威强加给不断争吵的部落派别。

在这个相对稳定的时期，大量高质量的原料鸦片离开该国，最终进入了BEIC的仓库。据认为，在这一时期（1880-1891年），有数十亿英镑进入BEIC的库房，足以支付1899年爆发的英波战争的十倍费用。还有来自俄罗斯的大量干预，它试图在阿富汗站稳脚跟，为其边界提供缓冲。俄罗斯对鸦片贸易不感兴趣；它唯一关心的是获得一个领土缓冲区。最后，在与英国发生了五年的严重问题后，两国达成了一项协议，俄罗斯同意不参与阿富汗事务。

在其动荡的历史中，阿富汗继续生产一些质量最好的原料鸦片，受到西方消费者的追捧，而运输这些货物的主要路线是通过巴基斯坦。因此，阿富汗的鸦片历史与巴基斯坦的鸦片贸易历史及其通往沿海地区以及中东和西欧的过境路线密切相关。

在其权力最大的时候，**BEIC每年从阿富汗收到4000吨鸦片**。这一巨大的生产在一年内（1801年）的估计价值为5亿美元，在当时是一笔巨大的财富。大多数鸦片通过开伯尔山口进入印度（现在称为巴基斯坦的部分），然后下到荒凉的马克拉海岸，在那里被阿拉伯单桅帆船接走，运到迪拜，在那里用黄金支付。这种交易不接受纸币。由于这种贸易，在迪拜有不少于25家银行从事黄金交易，其中英国中东银行是鸦片黄金贸易中最重要的银行。阿富汗的穆斯林与中国的工人阶级不同，他们不消费鸦片，因此也没有对鸦片上瘾。他们乐于种植罂粟作物，提取鸦片树液，将其加工成原料鸦片，然后出售。通过这种方式，阿富汗躲过了最终降临到中国的可怕的鸦片瘾祸害的蹂躏。当时和现在一样，种植罂粟和采集珍贵的汁液是阿富汗男性人口的主要职业。

秘密被小心翼翼地守护着，只要现状占上风，就会如此，直到时间的尽头!我看到了从幼苗到**开花植物的**罂粟田--然后，当汁液在豆荚中上升时，它们如何被用剃刀切开，**橡胶般的**树脂从中流出并凝固。我还看到，没有人试图遏制或**减少**罂粟的种植。我不厌其烦地提供了外国势力强加给阿富汗的那种政权的细节，希望读者能够理解，自那时以来几乎没有什么变化。美国认为入侵和轰炸已经使这个国家屈服，但它不幸地错了。阿富汗是一个由军阀和敌对派别组成的国家，他们都想从鸦片中分一杯羹，这是一幅忠诚度混乱和激烈竞争的画面。这一点，美国及其盟友永远无法战胜。

塔利班--
由中央情报局（CIA）创建、武装和指挥，作为防止俄罗斯占领该国的反击力量--
现在成了敌人! "。塔利班上台后，遭到了嘲笑、讥讽和鄙视，但他们很快就坚持了自己的立场，在击败俄国人后，他们与他们的美国恩人翻脸，下令停止罂粟种植和原料鸦片的出口。数英里长的罂粟田被烧毁，同时被烧毁的还有鸦片库存。突然间，伦敦市和华尔街的毒枭们看到了巨大的收入损失，必须从根本上扭转这一局面。

我不能**确定世**贸中心袭击事件是如何发生的，但我知道的是，如果不是因为2001年9月11日的**灾难**，美国人民绝不会接受美军入侵阿富汗，因此，历史更有可能揭示9月11日的悲剧是一个
"捏造的情况"。令迪拜银行以及美国和英国的鸦片商人感到**震惊的是，塔利班消**灭了以巴拉克扎伊部族为首的向西方出售鸦片的军阀，他们中的大多数人逃往巴基斯坦或该国的山区。鸦片贸易停顿下来了。塔利班通过了一项法令

，任何**种植**罂粟或进行鸦片交易的人都将被枪毙。鸦片军阀们带着他们的犯罪走狗散去。

这给整个威斯敏斯特和纽约敲响了警钟。在迪拜，为鸦片贸易提供服务的90家银行看到的是他们面临的毁灭。必须采取一些措施，而且**确**实如此。美国与阿富汗开战，正如之前的英国人、俄国人和波斯人一样。我们被告知，战争的目的是

"铲除塔利班及其基地组织的恐怖分子"。一个巨大的轰炸机中队昼夜不停地飞行，在与俄罗斯的战争结束后，坎大哈仅剩的几座建筑物被变成了令人印象深刻的瓦砾堆。战争鹰派人士拉姆斯菲尔德、沃尔福威茨、切尼和佩尔正在幸**灾**乐祸。在国内，纽约的报纸大肆宣扬美国已经   "赢得"了阿富汗的战争。美国人民并不知道，战争才刚刚开始。美国军队将不得不在阿富汗停留数十年，将鸦片派别分开，**确保**鸦片通过旧的贸易路线顺利流动。巴基斯坦军方高层将从阿富汗流出的可卡因中获益匪浅，他们一直如此。这就是为什么佩尔韦兹-穆沙拉夫被选为我们"反恐战争中的主要盟友"。

随着塔利班的消亡和巴拉克扎伊部族的恢**复控制**，鸦片贸易在塔利班垮台后在阿富汗蓬勃发展，目前还不清楚新政府是否会试图阻止或至少减少这种贸易。我们太胆地认为，在美国强加的制度下，鸦片贸易不仅会恢复到以前的产量，而且实际上会增加原料鸦片的产量。美国国务院在其**关于国**际毒品贸易的年度报告中说，2005年被美国军队赶下台的塔利班在其控制的地区几乎消灭了罂粟种植。

全球鸦片产量从2000年的约3656**吨急**剧下降到2001年的约7**4吨，而且几乎所有的**产量都发生在北方联盟（华盛顿在反对塔利班战争中的盟友）控制的阿富汗地区。这是第一手证据：我们的   "反毒品战争"就像美联储的假钞一样假。在塔利班摧毁鸦片作物和库存的同时，中央情报局向我们的   "盟友"--"军阀"，即各**种不**择手段、杀人不眨眼的黑帮分子--

保证不用担心，他们很快就会重新掌权。缉毒署（DEA）在有显著机会的情况下，没有试图进去粉碎这群害虫的行动。相反，美国保护了那些贩毒的暴徒。阿富汗历来是世界上主要的鸦片制剂生产国之一，与印度并列，由于塔利班的禁令，阿富汗在2008年重新成为第一大生产国。

鸦片是鸦片类药物海洛因和吗啡的原料，阿富汗一直是该地区以及西欧和美国的这些药物的主要供应国。根据美国最近的一份报告，在塔利班垮台后，阿富汗恢复了大范围的罂粟种植，尽管美国军队在当地有大量驻军，但毒品贩子在该国仍然很活跃。尽管喀布尔的临时当局，即美国支持的切尼、拉姆斯菲尔德和沃尔福威茨的傀儡哈米德-卡尔扎伊（Barakzai）宣布了他自己的鸦片种植禁令，但该禁令并不比首都大多少，也不值得在纸上写。如果卡尔扎伊试图执行他的法令，他将在某天早上被发现，喉咙从耳朵到耳朵被割断。他的经销商绝不会允许他继续活着来干扰他们有利可图的生意。

报告指出。

> "管理局缺乏执行禁令的能力，必须与地方权力中心和捐助界合作，**确保禁令得到**实际执行。目前还不清楚国际社会的劝告甚至是财政支持是否足以迅速消除阿富汗的罂粟种植......在敌对行动之后，实际控制一个地区的派别是不同的。目前还不清楚各派别是否会尊重临时当局对罂粟种植的禁令。"

真是一派胡言。

而为什么不在美国军队的支持下，用大量的DEA特工来执行**呢？我**们知道，我们的控制者认为美国人民是世界上最容易受骗的人，但试图将这种无稽之谈强加给民众，并认为会被相信，这无法解释。主导卡尔扎伊政府的北方联盟似乎没有在其控制的地区采取任何打击毒品的行动。报告继续说，联合国还多次报告，在北方联盟控制的地区，农民正在收获第二批鸦片。

你能相信那些期望我们相信这种明目张胆的胡言乱语的人的胆量吗？"不出现"？事实是，尽管塔利班正在竭尽全力消除这一祸害，但华盛顿不仅知道他们的 "盟友"在**种植**罂粟，而且还向他们保证，只要他们是我们打击塔利班的

"盟友"，就不会有人干**涉他**们的贸易。然后，华盛顿开始武装和训练他们，让他们对整个阿富汗开战，而对他们的致命贸易却不闻不问。这些是阿富汗战争背后的真正事实。

美国对通过 "六加二"集团（包括美国、俄罗斯和阿富汗的六个近邻）将阿富汗的阿片剂拒之门外的区域努力寄予了一些希望。这是另一个骗局。在阻止阿富汗的鸦片贸易方面，没有做任何事情，也不会做任何事情。如果在这个方向上有任何认真的努力，巴基斯坦的领导人佩尔韦兹-穆沙拉夫将军就会被赶出去。巴基斯坦执政机构中的一半人完全依赖于利润丰厚的鸦片贸易的收费，这些鸦片在通往欧洲和美国的路上经过巴基斯坦。国务院报告补充说，与此同时，尽管临时政府和国际社会做出了最大努力，赫尔曼德省的毒品贩运仍将继续。

绝对没有证据表明阿富汗的塔利班领导层曾经参与过鸦片贸易，也没有证据表明这种毒品是乌萨马-本-拉丹的基地组织网络的主要资金来源。我们已经搜索了所有已知的记录，没有发现这样的证据。我们拒绝国务院的指控，认为这是纯粹的宣传。但官员们说，以阿富汗为基地的基地组织网络从塔利班参与贩运活动中间接受益，而且他们担心，在9月11日的恐怖袭击之后，基地组织受到美国的压力，正在与贩运者发展更紧密的关系。证据在哪里？指控不是证据，到目前为止还没有提出证据。这是对塔利班的宗教信仰产生怀疑的宣传。

"任何时候，如果你有一个必须有资金来源的恐怖组织，并且在地理上与生产资金的毒品组织相邻，那么显然有可能

加强两者之间的联系。

前缉毒局局长阿萨-哈钦森在众议院政府改革刑事司法、毒品政策和人力资源小组委员会上说。好了，现在我们说哈钦森的任命是一个政治任命，他对毒品交易几乎一无所知，他在众议院度过了他的时间，然后因为他在克林顿弹劾过程中的作用而失去了他的席位。

美国官员说，鸦片贩运一直是塔利班的一个主要资金来源，塔利班是统治该国大部分地区的强硬派伊斯兰民兵组织。哈钦森和国务院禁毒官员威廉-巴赫说，塔利班守卫有时接受生鸦片而不是现金。

这种可悲的说法直接来自   "北方联盟"的流氓之口，他们不能说实话，因为如果他们说了，他们就会失去在华盛顿的有利地位。这里是另一颗 "珍珠"。

> "由于预计美国将对恐怖袭击进行军事报复，塔利班似乎正在抛售其股票。袭击发生后，该地区的鸦片价格突然从每公斤746美元降至95美元。此后，它反弹到429美元。"

人们会认为，在告诉我们塔利班需要武器之后，他们几乎不会'放弃'他们获得武器的最直接手段。无论如何，没有证据表明塔利班曾经进行过鸦片交易。那些可能受到诱惑的人，根据他们的宗教法规，会受到即决审判和处决。1790年代末，阿富汗成为世界上最大的鸦片生产国，这是海洛因的原材料。在其高峰期，它提供了超过70%的BEIC的收入，该国在两次世界大战中一直保持着这一特点，并一直到90年代末。

塔利班上台后，以宗教原则为由，下令停止鸦片种植。国际观察员证实，在塔利班控制的地区，鸦片生产几乎被消灭，剩下的少量鸦片被所谓的反对派   "北方联盟"持有的土地上**种植**，这帮人是前国防部长拉姆斯菲尔德保护下的无赖、毒贩和杀人犯。

这不是解释了很多需要解释的事情吗？而这并不是美国第

一次直接参与毒品贸易。我们在越南、黎巴嫩、墨西哥、巴基斯坦和现在的阿富汗都看到过这种情况。但美国官员说，这项禁令对贩运活动影响不大，因为塔利班没有消除前几年的大量鸦片库存，也没有逮捕贩运者。真相是什么？国务院和美国毒品管制局的新老板告诉我们，塔利班已经 "处理"了他们大量的鸦片库存，而与此同时，我们却应该相信塔利班没有做这样的事情！"。请相信我们，本来是没有必要 "清算 "股票的。巴基斯坦的毒枭--包括军方--会以全价从塔利班那里购买每一公斤的原料鸦片。

这个故事是一派胡言。发生的情况是，贸易中的主要参与者都在北方联盟 "保护 "的地区，塔利班无法进入，因为唐纳德-拉姆斯菲尔德用纳税人提供的坦克、大炮和现代军队的所有装备装备了他们。小组委员会主席马克-索德（Mark Souder），印第安纳州议员，称塔利班禁令是 "一个巨大的错误。

"冷酷地计算着控制其鸦片和海洛因的世界市场价格的伎俩 "。

这似乎是一个瞎子领着瞎子走的案例!苏德听起来比哈钦森更糟。为什么不说实话，让美国人民来决定？为什么要撒谎和混淆视听？"美国官员估计，鸦片每年可以为塔利班提供多达5000万美元的资金，"哈钦森和巴赫说。基地组织间接受益，因为它一直受到塔利班的保护。

但巴赫说，毒品贩运 "似乎不是基地组织的主要资源"，而苏德指出，美国官员很少**关注阿富汗的**鸦片贸易，因为这些鸦片很少进入美国。

"我们现在面临着一个新的现实：阿富汗的毒品贸易几乎没有越过我们的边界，它对我们国家造成的损害不亚于来自半个世界的毒品到**达美国街头**。"

如果普通美国人能够理解这些自相矛盾的说法，那么我们将感到非常**惊讶**。但无论我们是否能理解他们，这都是--我们重复--纯粹的双关语。我们再次请你们考虑以下问题。

> 我们被告知，塔利班已经'卖掉'了他们大部分的鸦片库存。

> 我们被告知，塔利班需要来自鸦片的收入。

> 我们被告知，塔利班每年从鸦片收入中获得5000万美元。

> 我们被告知，塔利班已经 **"扔掉"** 了他们巨大的库存。5000万美元已经被 **"扔掉"** 了吗？为什么会有人想 **"扔掉"** 5000万美元？

> 我们被告知，到目前为止，美国毒品管制局对世界上主要的鸦片原料供应国没有表现出兴趣。这有意义吗？如果毒品管制局没有注意到从阿富汗流出的鸦片，那么它就犯了失职罪。

> 我们被告知，DEA未能履行职责的原因是，进入美国的鸦片太少了！"。

你能相信这些人吗？他们一定认为，美国人民是世界上最愚蠢的人。在纽约和华盛顿的9月11日袭击事件之后，阿富汗成为世界关注的焦点。以美国为首的 "反恐联盟"轰炸了阿富汗，"基地"组织成员逃离了该国。阿富汗的非法鸦片种植成为宣传战的一部分。海洛因贸易多次被认为是乌萨马-本-拉登网络的主要来源。但不知何故，我们被引导相信，本-拉登已经逃脱，仍然在阿富汗逍遥法外，仍在指挥针对西方的恐怖主义。在我们看来，应该以极大的怀疑态度来看待这个问题。

"塔利班今天购买的武器是用英国年轻人的生命换来的，他们在英国街头购买毒品。这是他们政权的另一个部分，我们必须设法摧毁。

英国前首相托尼-布莱尔说。

他的发言是对阿富汗鸦片经济真实情况进行歪曲的一个例子。实际上，正是布莱尔先生在阿富汗的盟友 "北方联盟"从罪恶的鸦片经济中获得越来越多的利益。没有证据表明塔利班正在贩运鸦片。

当前首相布莱尔将英国军队留在阿富汗时，他有足够的时间来铲除罂粟田，进行研究任务，并销毁原始鸦片库存。为什么布莱尔先生没有命令他的部队采取这些措施？这是一个**极好的机会，可以在全国范围内进行协调扫荡，使罂粟种植者**丧失能力，逮捕贩运者并销毁其库存。开展这种行动的手段和资金是有的，但是没有，显然布莱尔先生觉得他的言语比他的行动更有力量。这被称为"宣传"。布莱尔一定知道苏德和哈钦森说了什么。他们显然对英国年轻海洛因成瘾者的死亡不屑一顾，因为这不关美国的事！"。相信这些东西，要冒着失去智商的风险。

当塔利班于1996年在喀布尔掌权时，他们只是继承了自18 - 19_01世纪以来将阿富汗转变为世界上最大的鸦片生产国的局面。1994年至1998年期间，鸦片产量每年总计为2000至3000公**吨的原料**。这种生产大部分是通过印度（以及后来的巴基斯坦）进行的，最初是在英国军队最优秀的士兵的监督下进行的，这些士兵在鲁德业德-吉卜林的英勇故事中得到了永生。后来，是巴基斯坦军队的将军们看管着这种贸易的有利可图的收入。一旦鸦片在迪拜被交易为黄金，原料鸦片在土耳其和法国被提炼为海洛因和吗啡。只有极小部分的鸦片是在阿富汗加工的。以前的所有记录在1999年和2000年被打破，当时阿富汗的鸦片产量达到4500**吨**。

布什政府想让我们相信，2000年7月27日，"......经过多年的国际压力，塔利班领导人毛拉-奥马尔发布了下一季鸦片种植的全面禁令。"事实并非如此。塔利班一上台就禁止了罂粟种植和鸦片原料生产。全球压力与此无关。

如果 "全球压力"是塔利班禁止贸易的原因，为什么在塔利班上台前没有任何效果？在塔利班控制的地区，**种植**业有所下降，而在 "北方联盟"控制的地区，**种植**业蓬勃发展。由于美国在打击本-拉登网络的战争中进行了大规模的轰炸，以及 "北方联盟"黑**帮接管了喀布**尔，美军的快速推进并没有结束鸦片经济。恰恰相反，鸦片经济重新抬头，尽管美国及其英国盟友现在控制了所有主要的罂粟种植区。当人们发现阿富汗已经成为世界上最大的鸦片来源地时，阿富汗成为联合国国际药物管制规划署（UNDCP）的重点，这比塔利班的到来早了二十年。禁毒署旨在阻止非法鸦片流入阿富汗的项目没有产生可衡量的影响。在阿富汗的所谓 "反鸦片战争"中，主要**种植**区由所谓的 "北方联盟"控制，这个名字是拉姆斯菲尔德创造的，以掩盖其由土匪和暴徒组成的真实情况。

自1994年以来，药物管制署作物监测方案的年度罂粟调查一直是**关于**罂粟种植和鸦片生产潜力的最可靠数字来源。最近的一**份**报告于2008年10月发表，详细证实了罂粟种植的急剧下降，即在塔利班接管之后。在此之前，"全球压力"对后来加入拉姆斯菲尔德的所谓 "北方联盟"的鸦片大王没有任何影响。

为了了解阿富汗鸦片经济的复杂性，药物管制署的政策研究系列相当有用，尽管它没有提供幕后控制者的细节。它记录了阿富汗罂粟田的扩大及其背后的原因；鸦片作为信贷来源以及在小规模农民和战争难民的生计战略中的作用；妇女在鸦片经济中的作用；以及非法贸易背后的农村动态，这种贸易为BEIC赚取了数十亿英镑，并且仍然为那些分销鸦片的人，如巴基斯坦军队的将军们赚取了大量财富。联合国毒品理事会方案（UNDCP）在UNDCP研究科科长Sandeep

Chawla的监督下出版的最新一期《全球非法毒品趋势》（2008年）包括一个**关于阿富汗的特**别章节，对早期以来的鸦片经济趋势进行了有用但有限的概述，解释了阿富汗如何成为世界上最大的鸦片供应国。

在我的《*300人委员会的历史*》一书中，[2]，我详细介绍了这个巨大的集团是如何从英国政府强加给中国人民的鸦片贸易的苦难中赚取这么多钱的。该书详细介绍了该地区臭名昭著的鸦片贸易和海洛因走私的历史，包括1980年代反对苏联占领的圣战期间由中央情报局和巴基斯坦情报机构ISI批准的交易。有许多关于阿富汗犯罪经济的　　　"机构"报告，主要用于解释1989年前后二十年的走私趋势，这些报告试图给人一种印象，即鸦片走私贸易是一个比较新的东西。

其中大部分提到1987-1989年是鸦片贸易和相关非法活动的"**开始日期**"，而在大英博物馆和印度馆发现的文件显示，海洛因和吗啡的非法贸易始于英国人抵达阿富汗。印度（后来的巴基斯坦）深深卷入了这种犯罪贸易，这种贸易始于1868年英国统治时期，一直持续到今天。下面的文字被引为机构报告掺水性质的例子。

> 阿富汗不仅成为世界上最大的鸦片生产国和武器贩运中心，而且支持从迪拜到巴基斯坦的数十亿美元的走私货物贸易。这种犯罪经济既资助了塔利班，也资助了他们的反对者。它改变了整个地区的关系，削弱了国家和法律经济。持久的和平不仅需要结束战斗和政治解决，还需要通过替代生计和赋权来改变区域经济。

从表面上看，报告中的所有内容都是淡化的，没有指明任何人。但它的目标似乎是可能的，尽管在现实中，自1625年以来，鸦片一直统治着阿富汗和巴基斯坦（过去是印度

---

[2] *阴谋家的等级制度 - 300人委员会的历史*, Omnia Veritas Ltd, www.omnia-veritas.com。

的部分），没有什么能改变这一点。故事的结尾是：美国及其所谓的 "北方联盟伙伴"不会采取任何行动来阻止这种有利可图的贸易，而不少于23家设在迪拜的英国银行的利润和生存都依赖于这种贸易，利润被输送到伦敦市的银行。相信这些超级银行会允许任何人干扰他们的赚钱机器，这是多么天真的想法。

保存在伦敦印度宫的英国东印度公司文件（在被神秘销毁之前）提供了**关于阿富汗**鸦片贸易的独特信息，并详细说明了从北方，从阿富汗经巴基斯坦到迪拜的贩运路线。在BEIC时期，这种贸易从未被认为是"犯罪贸易"。这些文件中记录的唯一 "犯罪活动"是土匪试图通过开伯尔山口劫持鸦片骡子列车，他们在那里被英军最精锐的部队击退。在过去的二十年里，美国关于阿富汗的数字是不准确的，**而且被高度政治化。有趣的**是，在最近的这些声明中，DEA第一次几乎完全使用了UNDCP的数字，它认为这些数字被严重高估，至少在几年前是这样。

人们不禁要问，为什么？在政治上，引用统计数据是美国诋毁塔利班和将 "反恐战争 "与 "禁毒战争"合并的策略之一。在现实中，这两者都不存在，但必须维持这种假象，以便为公然违反《权利法案》的严酷和完全违宪的 "法律 "提供借口。这就是我们无法找到本-拉登的原因。如果我们这样做了，突然间就没有塔利班了，也没有理由继续 "反恐战争"了。在阿富汗，随着塔利班的消失，对于阿富汗和巴基斯坦的鸦片农民来说，收获的时间是一个非事件，这个地区现在可以与东南亚相媲美，成为世界上最大的海洛因来源地，海洛因是由罂粟提炼的毒品。

G.W.布什政府已经决定不销毁阿富汗的鸦片作物。奇怪的是，此前曾将阿富汗的毒品贸易与恐怖主义直接联系起来的布什总统，突然决定不销毁阿富汗的鸦片作物。一位从阿富汗回来的美国情报官员向一家欧洲新闻杂志报告了这一情况。这位不愿透露姓名的消息人士指出，罂粟田正在盛开，准备收获。美军可以利用空中喷洒技术摧毁这些作物，但没有计划采取这种行动。没有瞄准成熟的罂粟花蕾的喷火器，也没有部队扯掉植物并将其烧掉的迹象。事实上，在罂粟田里，一切都很平静，因为农民们知道，没有人会打扰他们。他们也不关心遥远国家的"恐怖主义"，但一些情报人员对美国禁止摧毁罂粟田的做法深表关切。

2002年1月联合国关于毒品贩运的报告指出。

> 如果估计的3000吨鸦片进入市场，将导致国际恐怖主义进一步增加，布什政府的国际信誉和美国在21世纪发动战争的能力将受到极大损失。美国在世界各地的敌人，从中国到朝鲜到伊朗，都会因为这种缺乏战略眼光和政治意愿而胆战心惊。美国及其所有盟国已经签署了一项全球禁止销售鸦片的禁令。2002年1月，联合国发布了一份关于阿富汗鸦片生产的报告，强调盟军必须迅速采取行动，在春末之前消灭2002年的罂粟作物。美国和英国军队没有采取这种行动。

禁止阿富汗的罂粟种植和贩运的全球意义是巨大的。阿富汗一直是非法鸦片的主要来源：2000年全球非法鸦片产量的70%和欧洲毒品市场上高达90%的海洛因都来自于阿富汗。有可靠的迹象表明，自2001年10月以来，一些地区（如南部的乌鲁兹甘省、赫尔曼德省、楠格哈尔省和坎大哈省）在有效执行塔利班2001年的种植禁令后，恢复了罂粟的种植，这不仅是因为法律和秩序的崩溃，而且还因为农民急于在长期的干旱中生存。

根据情报来源，中情局反对破坏阿富汗的罂粟种植，因为这将导致巴基斯坦政府被推翻。据这些消息来源称，巴基斯坦情报机构威胁说，如果穆沙拉夫总统下令销毁作物，将推翻他。巴基斯坦的历史表明，这并不是空穴来风。巴基斯坦前总统A.H.布托因试图阻止贸易而被司法绞死，他的继任者齐亚-

哈克将军在一次非常神秘的飞机失事中死亡，因为他偷了钱，这些钱本来是要交给伦敦市的银行的。推翻穆沙拉夫的威胁部分是由与巴基斯坦三军情报局（ISI）有联系的伊斯兰激进组织所激发的。据说，这些激进组织的主要资金来自鸦片生产和贸易。巴基斯坦军方高层深入参与监测进入他们国家的鸦片流动--他们一直如此--

并且不会容忍这种贸易的任何中断。巴基斯坦的情报部门是完全腐败和不可靠的，更不用说不稳定和不忠诚了。他们迎合出价最高的人，对宗教原则进行嘲弄。中情局与他们结盟多年，不太可能改变方向。正如布托痛苦地总结道。

> 如果他们[中情局]**确**实反对摧毁阿富汗的鸦片贸易，这只会使人们永远认为中情局是一个不道德的机构，遵循自己的议程而不是我们宪法选举的政府的议程。如果我们不抓住这个机会摧毁阿富汗的鸦片生产，我们将比塔利班更糟**糕，尽管塔利班声称要阻止**鸦片生产。

中情局不停止在阿富汗生产鸦片的决定得到了他们的顶头上司--

300人委员会的批准。根据情报来源，英国和法国政府悄悄地批准了美国的政策。中情局有支持国际毒品贸易的历史，在**灾**难性的越南战争期间也采取了同样的行动：从20世纪70年代**开始，美国的海洛因**贸易急剧增加，直接归功于中情局。周恩来接受埃及报纸《*Al Ahram*》的著名采访支持了中情局多年来在全球毒品贸易中共谋的说法。这就是300人委员会想要的：根据情报来源，**每年**简单补贴2000美元，总额不超过2000万美元，直接支付给阿富汗农民，就可以结束所有鸦片生产。美国在阿富汗的战争已经花费了大约400亿美元，而在铲除罂粟田和阻断流向巴基斯坦的原料鸦片方面没有花费一分钱（2009年美国国务院数字）。

现在我们知道，美国浪费在将非法毒品销售与恐怖主义联系起来的数百万美元的广告宣传是谎言，现在我们知道，

布什政府保护了阿富汗的鸦片生产，我们开始清楚地了解阿富汗战争是多么错误，以及为什么美国选择巴基斯坦作为

"我们打击恐怖主义的主要盟友"。结束阿富汗的鸦片生产不会花费我们 "反恐战争--禁毒战争"电视广告上花费的数百万美元的十分之一，但 "战争鹰"拉姆斯菲尔德和整个布什政府在阿富汗对毒品贸易缺乏行动的奇怪现象，表明所谓的 "反恐战争"是**多么虚**伪和有缺陷。每当你看到像比尔-奥莱利这样的谈话者宣布在扣押恐怖分子资金方面取得新的成功时，请记住，与流入迪拜300人委员会银行金库的数十亿美元相比，这只是杯水车薪，而且要知道，这对阿富汗非法鸦片资金流入伦敦市银行和离岸银行没有丝毫影响，更不用说海洛因流入美国。阿富汗的战争并没有胜利。我们的部队将永远不会回家。鸦片贸易必须受到监督。

联合国毒品和犯罪问题办公室（UNODC）发布了其对阿富汗罂粟种植的快速评估调查。华盛顿特区的联邦政府也公布了其**关于**鸦片种植驱动因素的年度报告。对此，英国外交大臣金-豪威尔斯说。

> 英国政府希望**减少从阿富汗流入我们**街道的海洛因数量。阿富汗的**毒品贸易规模巨大**，根除毒品贸易的战略需要时间--
> 没有快速解决的办法。阿富汗的鸦片种植将在数量上出现波动，正如最近的情况一样。

2008年联合国的一项调查对今年可能的作物水平提供了一个非常早期的指示。与去年产量下降的良好结果相比，这**份**报告显示，阿富汗31个省中的大多数**省份的**种植水平稳定，13个省的**种植量增加**，3个省的**种植量减少**。但是，正如为外交部编写的独立司机报告所表明的那样，只关注关键数字是有误导性的，因为整体情况更为复杂。有各种各样的作物和因素影响着全国各地的农民。

该调查从未评估过根除运动的实施进展，只是指出2009年

根除工作将组织得更好，因此应该比2008年更成功。目前罂粟种植的增加并不意味着在打击该贸易方面没有取得进展。铲除罂粟只是阿富汗和国际打击罂粟种植的总体战略的一部分：正在进行重大的收缴，阿富汗警察正在接受培训，正在创造替代生计，并正在建立禁毒机构。自2001年10月美国入侵阿富汗以来，"金新月"鸦片贸易出现了爆炸性增长。据美国媒体报道，这种有利可图的走私活动受到塔利班的保护，当然更不用说地区军阀了，他们无视"国际社会"。据说海洛因贸易"填满了塔利班的库房"。用美国国务院的话来说。

> 鸦片是极端主义和犯罪集团的数十亿美元的来源。减少鸦片的供应对于建立一个安全和稳定的民主国家以及赢得全球反恐战争至关重要。

> 副国务卿罗伯特-查尔斯在国会听证会上的发言，2004年4月1日er。

根据联合国毒品和犯罪问题办公室（UNODC）的数据，2008年阿富汗的鸦片产量估计为6,000**吨**，**种植面**积约为80,000公顷。国务院表示，2008年有多达12万公顷的耕地。我们可能正在走向大幅增长的道路。一些观察家指出，2008年的作物比去年已经令人担忧的数字增加了50-100%。为了应对塔利班倒台后鸦片生产的增加，布什政府加强了反恐活动，同时拨出大量公共资金给缉毒署在西亚的举措，被称为"遏制行动"。当然，各**种**报告和官方声明中夹杂着通常的"平衡"自我批评，即"国际社会做得不够"，我们需要的是"透明度"。代表禁毒办执行主任在联合国大会上的讲话，2001年10月。

> 头条新闻写道："毒品、军阀和不安全因素给阿富汗的民主之路蒙上了**阴影**"。

美国媒体大肆指责现已不复存在的"强硬的伊斯兰政权"，甚至不承认塔利班--与联合国合作--曾在2000年成功地实施了罂粟种植禁令。2001年，鸦片产量下降了90%以上。

事实上，鸦片产量的增加与美国领导的军事行动的冲击和塔利班政权的垮台相吻合。从2001年10月到12月，农民开始大面积补种罂粟。阿富汗在塔利班政权下的2000年根除毒品计划的成功，在2001年10月的联合国大会上得到了认可（在2001年爆炸事件**开始后几天**举行）。没有任何其他禁毒办成员国能够实施类似的方案。

> 首先，**关于打**击毒品，我原计划在发言中重点讨论塔利班禁止在其控制的地区**种植**罂粟的影响......。

我们现在有了关于阿富汗罂粟种植的年度实地调查的结果。今年（2001年）的产量约为185吨。这比去年（2000年）的3300吨有所下降，**下降幅度超**过94%。与**两年前4700吨**的创纪录收成相比，下降幅度远远超过97%。任何非法**种**植的**减少都是**值得欢迎的，特别是在这样的情况下，当地或其他国家没有发生流离失所的情况，从而削弱了结果。

在美国入侵之后，言论发生了变化。联合国毒品和犯罪问题办公室现在的行为就好像2000年的鸦片禁令从未发生过一样。

> ...打击毒品种植的战斗在其他国家已经打响并取得了胜利，在这里（阿富汗）也可以打响并取得胜利，只要有强大的民主治理、国际援助和改善的安全和完整性。

> 禁毒办驻阿富汗代表在2004年2月的国际禁毒会议上的发言。

事实上，华盛顿和联合国毒品和犯罪问题办公室现在声称，塔利班在2000年的目标并不是真正的"根除毒品"，而是一个引发"人为供应短缺"的狡猾计划，从而推高世界海洛因价格。具有讽刺意味的是，这种扭曲的逻辑，现在是新的"联合国共识"的一部分，却被联合国毒品和犯罪问题办公室驻巴基斯坦办事处的一份报告所驳斥，该办事处当时证实，没有证据表明塔利班有储存。

沙漠新闻》，犹他州盐湖城，2003年10月5日。

在2001年美国轰炸阿富汗之后，托尼-布莱尔的英国政府受八国集团（主要工业国家集团）委托，实施一项根除毒品的计划，从理论上讲，这将使阿富汗农民从种植罂粟转向种植其他作物。英国人在喀布尔工作，与阿富汗当局保持密切联系。

美国缉毒署的遏制行动。英国赞助的作物铲除计划是一个明显的烟幕。自2001年10月以来，罂粟种植量猛增。战争的   "隐藏"目标之一正是将中情局赞助的毒品贸易恢复到历史水平，并对毒品路线进行直接控制。2001年10月入侵后，鸦片市场立即重新建立起来。鸦片价格飙升。2009年初，鸦片的价格（以美元/公斤计）比2000年高出近15倍。2001年，在塔利班政权下，鸦片剂产量为185吨，2002年在美国支持的哈米德-卡尔扎伊总统的傀儡政权下，鸦片剂产量上升到3400吨。媒体在强调卡尔扎伊与塔利班的爱国斗争的同时，没有提到卡尔扎伊实际上与塔利班合作过。他还曾为美国一家大型石油公司UNOCAL服务。事实上，自1990年代中期以来，哈米德-卡尔扎伊在与塔利班的谈判中充当了联合国石油公司的顾问和说客。据沙特报纸《Al-Watan》报道：

> 自20世纪80年代以来，卡尔扎伊一直是中央情报局的秘密行动者。从1994年起，他将美国的援助引向了塔利班，当时美国人秘密地通过巴基斯坦人（特别是三军情报局）的中介支持塔利班的接管。

值得回顾的是   "金新月"毒品贸易的历史，它与中情局自苏联-阿富汗战争的冲击及其后果以来在该地区的秘密行动有着密切的联系。在苏联-阿富汗战争（1979-1989年）之前，阿富汗和巴基斯坦的鸦片生产是为小型区域市场服务的。当地没有生产海洛因。阿富汗的麻醉品经济是中情局精心设计的项目，得到了美国外交政策的支持。正如伊朗-康特拉事件和国际商业信贷银行（BCCI）的丑闻所揭示的那样，中情局代表阿富汗圣战者的秘密行动是通过对毒品资金的洗钱来资助的。这些 "脏钱"通过一些银行机构（在中东）以及匿名的中情局幌子公司被回收，成为 "秘密资金"，在苏联-阿富汗战争期间及其后被用于资助各种叛乱团体。因为美国想向阿富汗的圣战者叛军提供 "毒刺"防空导弹和其他军事装备，它需要巴基斯坦的全面合作。到20世纪80年代中期，中央情报局在伊斯兰堡的行动是世界上最大的美国情报站之一。

> "如果BCCI让美国如此尴尬，以至于没有进行坦诚的调查，这与美国对巴基斯坦的海洛因贩运视而不见有很大关系，"一位美国情报官员说。

研究员阿尔弗雷德-麦考伊的研究证实，1979年中央情报局在阿富汗开展秘密行动后的两年内，巴基斯坦-阿富汗边境地区成为世界上最大的海洛因生产地，供应美国需求的60%。在巴基斯坦，海洛因成瘾者的数量从1979年的几乎为零上升到1985年的120万，增幅远远超过任何其他国家；中情局的资产再次控制了海洛因贸易。当圣战者游击队在阿富汗占领领土时，他们命令农民种植鸦片作为革命税。在边界另一边的巴基斯坦，阿富汗领导人和当地工会在巴基斯坦情报部门的保护下，经营着数百家海洛因实验室。在这十年的大规模贩毒过程中，美国驻伊斯兰堡的禁毒执法机构没有进行过一次重大的查获或逮捕。

美国官员拒绝调查对其阿富汗盟友贩运海洛因的指控，因为美国在阿富汗的毒品政策从属于打击苏联在该国影响的战争的优先事项。1995年，负责阿富汗行动的前中情局局长查尔斯-科根承认，中情局实际上牺牲了毒品战争来对抗冷战。

我们的主要任务是对苏联人造成尽可能多的损害。我们并没有真正的资源或时间来进行毒品调查。

我不认为我们需要为此道歉。每种情况都有其后果。在毒品方面有一个后果，是的。但主要目标已经实现。苏联人已经离开了阿富汗。

联合国毒品和犯罪问题办公室的官方出版物没有提到中央情报局的作用，而这些出版物的重点是国内的社会和政治因素，这一点已经有充分的记录。不用说，鸦片贸易的历史根源被严重歪曲。根据联合国毒品和犯罪问题办公室的数据，自1979年以来，阿富汗的鸦片产量增加了15倍以上。苏联-

阿富汗战争之后，麻醉品经济的增长有增无减。在美国的支持下，塔利班最初促成了鸦片制剂生产的持续增长，直到2000年禁止鸦片。这种毒品资金的循环利用被用来资助冷战后中亚和巴尔干地区的叛乱活动，包括基地组织。详情请见米歇尔-

乔苏多夫斯基，《战争与全球化，9.11背后的真相》，《全球展望》，2002年。

毒品：石油市场和武器贸易的背后

中情局赞助的阿富汗毒品贸易产生的收入相当可观。阿富汗的阿片剂贸易是世界年度麻醉品交易额的重要组成部分，据联合国估计，其交易额在4000-5000亿美元之间。在联合国首次公布这些数字的时候（1994年），世界毒品贸易（估计）与世界石油贸易具有相同的数量级。

国际货币基金组织估计，全球每年的洗钱额在5900亿至1.5万亿美元之间，占全球GDP的2-5%。（《亚洲银行家》，2003年8月15日）国际货币基金组织估计的全球洗钱额中，大部分与毒品贸易有关。根据2003年的数字，毒品贩运是

"仅次于石油和武器贸易的世界第三大现金商品"。*独立报》*，2004年2月29日。

此外，上述数字，包括**关于洗钱**的数字，证实了与全球毒品贸易有关的大部分收入并不像联合国毒品和犯罪问题办公室报告中所说的那样，被恐怖组织和军阀攫取。毒品背后有强大的商业和金融利益。从这个角度来看，对毒品路线的地缘政治和军事控制与石油和管道一样具有战略性。然而，麻醉品与合法商品贸易的区别在于，麻醉品不仅是有组织犯罪的主要财富形成来源，也是美国情报界的主要财富形成来源，而美国情报界在金融和银行领域日益成为强大的参与者。反过来，保护毒品贸易的中央情报局与参与毒品贸易的主要犯罪集团建立了复杂的商业和秘密联系。换句话说，情报机构和与有组织犯罪结盟的强大商业集团争夺对海洛因路线的战略控制。数十亿美元的麻醉品收入被存入西方银行系统。

大多数主要的国际银行以及它们在海外银行避风港的子公司都在清洗大量的麻醉品资金。只有在参与麻醉品的主要参与者拥有   "高层政治朋友"的情况下，这种生意才能兴旺起来。

合法和非法的业务越来越多地交织在一起；"商人"和犯罪分子之间的界限变得模糊不清。反过来，犯罪分子、政客和情报部门成员之间的关系也玷污了国家的结构和国家**机构的作用**。这种贸易的特点是有一个复杂的中间商网络。毒品交易有几个阶段，几个环环相扣的市场，从阿富汗贫穷的罂粟种植者到西方国家的海洛因批发和零售市场。换句话说，阿片剂有一个 "价格控制等级"。

这种等级制度得到了美国政府的认可。

> 阿富汗海洛因在国际麻醉品市场上的售价比农民在农场门口买到的鸦片价格高出100倍。
>
> *美国之音*援引美国国务院的话说。

根据联合国毒品和犯罪问题办公室的数据，2003年，阿富汗的鸦片为农民带来了10亿美元的收入，为贩运者带来了13亿美元的收入，超过了其国民收入的一半。根据禁毒办的这些估计，新鲜鸦片的平均价格为每公斤350美元。(2002)；2002年的产量为3400吨。**然而**，联合国毒品和犯罪问题办公室根据当地农场的出场价格和批发价格所作的估计，在阿富汗数十亿美元的毒品贸易总额中只占很小一部分。联合国毒品和犯罪问题办公室估计，阿富汗阿片剂的"国际贸易年度总营业额"为300亿美元。然而，对西方国家海洛因批发和零售价格的研究表明，产生的总收入，包括零售层面的收入，要高得多。据估计，一公斤鸦片可生产约100克（纯）海洛因。

美国缉毒署证实，20世纪90年代末，SWA（西南亚，即阿富汗）海洛因在纽约的批发价为每公斤85,000至190,000美元，纯度为75%。自这些数字公布以来，有消息指出，海洛因的价格已经上涨了450%。

根据美国缉毒署（DEA），"东南亚（SEA）海洛因的价格从**每**单位（700克）70,000美元到100,000美元不等，东南亚海洛因的纯度为85%到90%"。700克的ASE单位（85-90%的纯度）转化为每公斤纯海洛因的批发价格为115,000美元至163,000美元。DEA引用的数字虽然反映了1990年代的情况，但与英国2002年的数字大致相符。根据《卫报》的报道（2002年8月11日），伦敦（英国）的（纯）海洛因批发价在5万英镑左右，或约8万美元（2002年）。虽然不同的海洛因供应来源之间存在竞争，但应该指出，阿富汗海洛因在美国海洛因市场中所占比例相当小，而美国海洛因市场主要由哥伦比亚供应。

纽约警察局（NYPD）指出，海洛因的零售价格正在下降，纯度相对较高。海洛因过去每克售价约为90美元，现在每克售价为65至70美元或更低。来自纽约警察局的传闻表明，一袋海洛因的纯度一般在50-80%之间，但也可能低至30%。2008年6月的资料显示，多米尼加买家从多米尼加卖家那里购买的包（10袋）数量较多（约150包），**每包售价低至40美元**，在中央公园则为55美元。缉毒局报告说，一盎司海洛因的售价通常为2500至5000美元，一克为70至95美元，一包为80至90美元，一袋为10美元。

DMP报告说，1999年街头海洛因的平均纯度约为62%。纽约警察局和毒品管制局的零售价格数字似乎一致。美国毒品管制局的价格为70至95美元，纯度为62%，换算成每克纯海洛因为112至153美元。纽约市警察局的数字大致相似，对纯度的估计可能较低。应该注意的是，当海洛因的购买数量非常少时，零售价格往往要高得多。在美国，通常按"袋"购买（一般袋中有25毫克的纯海洛因）。在纽约，一个10美元的袋子（根据上面引用的DEA数字）将转化为每克400美元的价格，**每袋含有0.025克的纯海洛因**。换句话说，对于街头经销商推销的非常小的采购，零售利润率往往要高得多。在购买10美元一袋的情况下，大约是每克相应零售价格的3至4倍（112-153美元）。在英国，根据英国警方的消息，**每克海洛因的**零售价格，"……已经从1997年的74英镑下降到61英镑（2004年）"。(即根据2004年的汇率，从约133美元降至110美元)《独立报》，2004年3月3日。

在一些城市，**每克低至30-40英镑**，纯度不高。在英国，一克海洛因的平均价格为40至90英镑（每克72至162美元）。(报告没有提到纯度。)根据国家刑事情报局的数据，2007年4月，海洛因的街头价格为每克80英镑。这些价格是指从生产国的农场门市价到街上的最终零售价。后者往往是支付给农民的价格的80至100倍。换句话说，阿片剂产品经过几个市场，从生产国到转运国，然后到消费国。在后者中，毒品卡特尔要求的入境点的"落地价"与西方有组织犯罪所保护的街头批发和零售价格之间存在巨大的差价。在阿富汗，2003年报告的3600**吨**鸦片产量可以生产大约36万公斤的纯海洛因。据联合国毒品和犯罪问题办公室估计，阿富汗农民的总收入约为10亿美元，其中13亿美元流向了当地人贩子。如果在西方市场上以每公斤约10万美元的海洛因批发价出售（纯度为70%），全球批发收益（相当于3600**吨阿富汗**鸦片）将达到约514亿美元。

后一个数字是根据上一节介绍的各种批发价格数字做出的保守估计。阿富汗毒品贸易的总收益（按总附加值计算）是用海洛因的最终零售价格来估计的。换句话说，贸易的零售价值最终是衡量毒品贸易在创造收入和财富形成方面的重要性的标准。然而，对零售价值进行有意义的估计几乎是不可能的，因为零售价格在城市地区、城市之间和消费国之间有很大的差异，更不用说纯度和质量的差异。然而，**关于零售利**润的数据，即消费国的批发和零售价格之间的差异，表明毒品贸易的总（货币）收益的很大一部分是在零售层面产生的。换句话说，毒品贸易收益的很大一部分流向西方国家参与当地毒品批发和零售市场的犯罪和商业集团。而参与零售业的各种犯罪团伙无一例外地受到"公司"犯罪集团的保护。

在英国消费的海洛因有90%来自阿富汗。按照英国**每克110**美元的零售价格（假设纯度为50%），2003年阿富汗毒品贸易的总零售价值（3600**吨**鸦片）将达到792亿美元左右。后一个数字应被视为模拟而非估计。根据这一假设（模拟），阿富汗农民（2003年）10亿美元的总收入将产生全球麻醉品收入--在不同阶段和不同市场上的累积--约为792亿美元。

这些全球收入归属于直接或间接参与毒品贸易的商业集团、情报机构、有组织犯罪、金融机构、批发商、零售商等。反过来，这种有利可图的交易的收益被存入西方银行，而西方银行是清洗脏钱的一个关键机制。很小的比例流向生产国的农民和商人。应该记住，阿富汗农民的净收入只是估计的10亿美元中的一小部分。这不包括对农业投入的支付、对贷款人的贷款利息、政治保护等。阿富汗生产的海洛因占世界海洛因供应量的70%以上，海洛因占全球麻醉品市场的很大一部分，据联合国估计，价值约为4000-5000亿美元。

关于世界麻醉品贸易在主要类别之间的分布，没有可靠的估计。

> 可**卡**因、鸦片/海洛因。

> 大麻、**苯丙胺**类兴奋剂（ATS）。

> 其他药物。

毒品交易的收益被存入正常的银行系统。毒品资金在瑞士、卢森堡、海峡群岛、开曼群岛和世界上大约50个其他地方的许多离岸银行避风港中被清洗。这里是参与贩毒的犯罪集团和世界最大的商业银行代表互动的地方。脏钱被存放在这些由西方大型商业银行控制的离岸避风港。后者是维持和支持毒品贸易的既得利益者。

一旦被清洗，这些钱可以被回收到真正的投资中，不仅在房地产、酒店等领域，而且在其他领域，如服务经济和制造业。肮脏和秘密的资金也被输送到各种金融工具中，包括衍生品、商品、股票和政府债券的交易。美国的外交政策支持**繁荣的犯罪**经济的运作，其中有组织资本和有组织犯罪之间的界限越来越模糊。

海洛因贸易并不像美国政府和国际社会所宣称的那样"填满了塔利班的国库"：恰恰相反！海洛因贸易是在美国政府和国际社会的支持下进行的。这种非法贸易的收益是创造财富的来源，西方国家强大的商业和犯罪利益集团从中受益匪浅。

这些利益得到了美国外交政策的支持。美国国务院、中央情报局和五角大楼作出的决定有助于维持这种高利润的数十亿美元的贸易，是仅次于石油和武器贸易的第三大贸易。

阿富汗的毒品经济受到
"保护"。海洛因贸易是战争议程的一部分。战争的结果是
恢复了一个由美国任命的傀儡领导的自满的麻醉品国家。

麻醉品背后强大的金融利益得到了全球关键毒品三角区（和转运路线）军事化的支持，包括金新月和南美安第斯地区（根据安第斯倡议）。

阿富汗的罂粟种植

年	产量（单位：吨）	农作物（以公顷为单位）
1994	71,470	3,400
1995	53,759	2,300
1996	56,824	2,200
1997	58,416	2,800
1998	63,674	2,700
1999	90,983	4,600
2000	82,172	3,300
2001	7,606	185
2002	74,000	3,400
2007	88,000	4,000

第三章

虚假的毒品战争

在所有国家的历史上，都有一个明确的点，在这个点上，人们可以追溯到一个急剧下降的过程，导致其不可避免的垮台。印度的情况就是这样，即使我们追溯到哈拉帕文化、印度的入侵以及亚历山大大帝手下的斯基泰人和希腊人建立的伟大的雅利安文化。毁掉欧洲文明的主要文化变化来自四个主要途径。

> ➤ 从西亚经俄罗斯到中欧和西欧。

> ➤ 从小亚细亚经爱琴海到西地中海。

> ➤ 从近东和爱琴海到西地中海的海路。

> ➤ 从北非到西班牙和西欧。

希**腊和**罗马文明都被这些潮流或它们的组合所摧毁。可以肯定的是，人们的大规模流动和各种文化的传播在塑造国家的未来方面发挥了重要作用。有明确的证据表明，这些**群众运**动是由商业和政治原因驱动的。奇怪的人和文化在古罗马开始要求

"权利"。出于政治原因，腐朽的罗马统治者同意了这些要求。在美利坚合众国的历史上，这种因政治原因而进行的大规模人口流动的模式是最清楚不过的了。1933年，富兰克林-德拉诺-

罗斯福总统为东欧人民的入侵打开了闸门，他们的文化与**构成美国人民大众的盎格**鲁-

撒克逊基督教、北欧阿尔卑斯山和伦巴第日耳曼文化完全

不同。他这样做完全是出于政治目的，知道外国移民会投票给他和他的政党。

这股在社会和文化上未被同化的巨大浪潮是阴谋家做出的政策决定的结果，他们的目标是摧毁基督教美国。这一政策持续到今天。美国正被来自小亚细亚、远东、近东、太平洋岛屿、东欧、中美洲和南美洲的外国人民所淹没，以至于1933年**开始的美国的衰落和堕落**现在正在进行中。

文化的变化是巨大的，特别是自1933年以来。在 "宽容 "和 "国际主义　"的幌子下，美国的西方基督徒在 "自由主义"的压力下被迫退缩。妥协已经成为当下的主流。曾经在美国盛行的白人基督教伦理已经开始淹没在非基督教思想的海洋中，如果不加控制，在相对较短的时间内，这些思想将在美国造成罗马的后果。

破坏我称之为美国原住民的西方基督教精神的最邪恶的努力之一，即白人基督徒，他们的祖先来自英格兰、爱尔兰、苏格兰、威尔士、德国、斯堪的纳维亚、法国和意大利，是摇滚乐伴随着大量使用大麻、化学品、海洛因和可卡因等成瘾性药物而造成的文化破坏。我们决不能落入陷阱，认为这些灾难性的文化变化是偶然发生的。机会在这些动荡中没有发挥任何作用。这些都是事实，而事实是，整个从基督教道德到**异教**颓废的巨大文化变化是精心策划的。

在我写的许多书中，这些计划被暴露无遗，并提供了对美国白人基督徒的可怕战争负责的机构、公司、组织和个人的名字。我的书包括以下内容。

- ➢ **阴**谋者的机构和公司。
- ➢ **揭开黑色**贵族的面具。
- ➢ 谁是阴谋家？
- ➢ 美国的隐藏领导人。

> ➢ 水瓶座的新时代。

这绝不是我为揭露毒品威胁所做的一切。在我的五百多本专著和录音带中，都提到了这种阴险的交易和对其负责的人。英国的寡头家族和他们的美国表亲利用他们在18 和19世纪从中国的鸦片贸易中获得的丰富经验和财富，在第二次世界大战后立即开始认真地对美国进行毒品方面的进攻。我提醒你，**我个人的毒品**战争的研究工作主要是在现场完成的，我的信息来自参与监测一些国家毒品贸易的前情报部门内部的关系。

在20世纪30年代，英国海外投资的某位权威格雷厄姆先生写道，英国在拉丁美洲的投资达到了"一万亿英镑以上"。为什么在拉丁美洲有这么多钱？一句话：毒品。这当然不是香蕉，尽管这种水果确实在掩盖藏在香蕉串下的毒品**运**输中发挥了作用。

当时掌握银行钱包的财阀与今天经营毒品贸易的财阀是一样的。没有人会抓到英国贵族的脏手；他们有自己体面的幌子，通过非洲的Frasers和加勒比海的Trinidad Leaseholds Ltd.（在伦敦注册的大型英国公司）等幌子和组织进行操作。

在维多利亚女王统治时期，英国议会的15名议员控制着中国和拉丁美洲的庞大贸易，其中包括张伯伦勋爵、查尔斯-巴里爵士和**帕默斯**顿勋爵。正如中国的鸦片贸易是英国的垄断一样，加勒比海、中美洲和南美洲、中东和远东的毒品贸易也成为英国的垄断。

后来，为了追求他们破坏美国文化的目标，美国的一些古老的 "蓝血 "家族被允许参与贸易；托马斯-汉迪赛德-**帕金斯、德拉**诺家族和理查森家族就是我所指的例子。从中国内地传教会的 "传教士"**开始，在北京国**际会议中心的大量资助下，鸦片被强加给中国人。需求被创造出来，然后由BEIC满足。

他们的仆人，亚当-斯密，称其为

"自由贸易"。当中国政府试图抵制将其人民变成鸦片瘾君子时，英国打了两场大仗来阻止它所谓的
"对自由贸易的干涉"。

在伦敦学习时，我遇到了一个曾在中国内地传教士家庭的儿子。他的家族自19_00世纪以来一直是传教士。在与其中一个也曾在中国服役的女儿建立了相当密切的友谊之后，**她告**诉我，她们都吸食鸦片，这是她们家族世代存在的传统。

印度支那的鸦片贸易是西欧历史上最保守的秘密和最无耻的篇章之一。不应忘记，英国王室起源于威尼斯，那把位于西欧中心的黎凡特匕首。篡夺苏格兰王位的罗伯特-布鲁斯来自威尼斯，他的真名不是布鲁斯。所谓的
"温莎家族"也可以这么说，实际上是黑圭尔夫人的家族。

如前所述，在印度和中国取得成功后，BEIC将注意力转向了美国，这也是我们与英国贵族有所谓　　　　　"特殊**关系**
"的原因之一，事实上，我们的许多　　　　　　　　"领导人
"都与英国皇室有联系。富兰克林-D-罗斯福、乔治-赫伯特-沃克-布什和理查德-
切尼是我想到的例子。在中国建立的利润丰厚的毒品贸易是利用人类苦难谋取利益的最坏例子之一。

在瑞士政府自由援引的工业间谍法的保护下，如果有任何**关于**这两家公司的股份被披露，甚至关于任何瑞士公司的**股份被披露，都将被判**处严厉的监禁。如果你没有准备好面对非常不愉快的后果，就不要在瑞士摇摆。像撒切尔夫人和乔治-
布什这样的人，基本上告诉我们他们决心打击毒品，他们的言论可以被完全忽略。

所谓的　　　　　　　　　　　　　　　　　"反毒品战争
"在政府的最高层绝对是假的。现在没有毒品战争，也从来没有过。只有当英国和美国政府对毒品贸易的高层人士下手时，他们宣称的　　　　　　　　　　　　　　"战争

"才会有意义。这意味着要逮捕凯斯威克家族、雅尔丁家族、马西森家族等人，关闭米德兰银行、国民和威斯敏斯特银行、巴克莱银行和加拿大皇家银行等银行。我并不是轻易提到这些英国上流社会的名字。

早在1931年，这些公司和银行的负责人就被任命为王国的同僚。是英国女王亲自为英国的五大药品贸易公司提供了特别保护。通过一位值得信赖的朋友，我获得了已故弗雷德里克-威尔斯-
威廉森的文件，他是《印度文件》的管理者。我看到的东西让我震惊。英国和欧洲参与毒品交易的'贵族'家族名单，如果这些冠冕堂皇的毒虫被揭露，将在英国和欧洲引起一场愤怒的风暴。

第二次世界大战后，海洛因的泛滥有可能吞噬西方世界，尤其是北美地区。这种贸易是由高层人士经营和资助的。克格勃在已故的尤里-
安德罗波夫的命令和指导下，将其作为反对西方的武器。在克格勃的供应和资助下，在菲德尔-
卡斯特罗的兄弟拉乌尔-
卡斯特罗的指导下，在古巴建立了可卡因和海洛因制造设施。

这些事实是美国政府所知道的，但美国政府从来没有采取任何措施使古巴的设施失效，政策似乎让古巴
"无法触及"。盖伦是海洛因方面臭名昭著的权威，任何想清楚了解海洛因是什**么以及它**对人体的影响的人都应该阅读。有记载的最早的鸦片（海洛因由此而来）使用者可能是古代印度的莫**卧儿人，他**们的王朝从1526年持续到1858年，随着鸦片生产和英国势力的增强，他们的文明也随之崩溃。

我从伦敦印度宫的印度文件中获得的一张印度地图显示了**种植**罂粟的地区，与英国从1785年起获得的领土相对应，都是沿恒河、比哈尔和贝拿勒斯流域。质量最好的鸦片来

自于这些地区种植的罂粟。英国的鸦片领主，即英国的统治机**构，能**够在印度取得这样的成就，简直令人惊讶。

皇室成员和他们的亲属把这种利润丰厚的贸易称为"帝国的战利品"。事实证明，名为   "杂项旧记录"的印度馆文件是我的信息宝库。这些文件显示，英国政府高级官员、皇室成员和寡头完全参与了中国的鸦片贸易。

这些文件显示，英国的   "贵族   "和   "贵族   "们"瞬间发财"。外国人，如威廉-沙利文（William Sullivan），因在英国东印度公司的资助下未经许可赚取"即时财富"而被审判，很快就发现自己深陷困境。英国东印度公司的董事是保守党的重要成员，包括帕麦斯顿勋爵和其他人。他们有自己的英国东印度公司的护照，如果想去中国旅行，这就成为必要的条件。

1683年，拥有英国东印度公司的老爷和夫人们首次试图将鸦片引入英国，但他们无法说服结实的贵族和中产阶级成为瘾君子。于是，财阀和寡头开始寻找市场。

阿拉伯半岛也尝试过，但也失败了，这要归功于先知穆罕默德的教诲。因此，他们转向了中国和其众多的群众，离孟加拉很近，很方便。直到1729年，中国政府才试图通过反鸦片法，这使中国与英国发生了冲突。英国的贵族阶层及其寡头结构是非常难以渗透的。对于没有经过特殊训练的人来说，这样的任务是不可能的。英国绝大多数重要的政治领导人都有亲属关系，所谓的头衔都是在最年长的家庭成员去世后由长子接任，而且这些家族几乎都在从事毒品交易，当然是间接的。

你可能会发现这个细节有些乏味。我知道，当我在伦敦阅读堆积如山的文件并在我的笔记本库存中记录信息时，我发现它是如此。当我不被允许做这样的笔记时，我的特殊"间谍"相机为我服务。我给你们这些信息，需要大量的研究，因为它深深地影响着美国。

这是掩盖将我们自己的毒品贸易　"贵族　"与英国　"表亲"联系起来的　　"特殊**关系**　"的一部分。这种　　"特殊**关系**"掩盖了**一种令人不快的情况**，即**潜入英国**贵族阶层的外来因素被他们的美国表亲所继承。

以英国驻华盛顿大使哈利法克斯勋爵为例，他在二战前和二战期间，出于各种意图和目的，控制了美国的外交政策，包括监督美国的所有情报能力。他的儿子查尔斯-伍德娶了一位普里姆罗斯小姐，她是可怕和卑鄙的罗斯柴尔德家族的血亲，其名字如斯威林勋爵和蒙塔古与伊丽莎白女王有**关**；**是壳牌公司的**联合大股东。我把所有这些人和他们的机构与毒品交易联系起来。

这支队伍的祖先之一是帕默斯顿勋爵，也许是有史以来最受尊敬的英国首相之一。他也被证明是中国鸦片贸易的主要煽动者。这些'有皇冠的毒蛇'允许他们在美国的英国'表亲'参与这种贸易，当时他们不得不把大量的鸦片库存运到中国内地。华人专员云，指出。

> 现在在路上（澳门）的英国船只上有如此多的鸦片，以至于它永远不会被送回它所来自的国家。这里将在沿海地区进行销售，当我得知它是以美国的名义走私进来（到中国）时，我不会感到惊讶。

一号专员从未活着发现他的预测有多准确，以及是什么间接导致了美国的毒品泛滥。我们需要看看我们这些公众是如何被欺骗和被蒙在鼓里的。

我们可以肯定的一点是，在读完这本书后，没有人会怀疑美国为阻止毒品流入这个国家和结束毒品贸易所做的努力存在致命的缺陷，而且这些错误和失败是故意的。

我们的政府不希望毒品贸易枯竭。当权者，那些控制"我们的"国会代表的人，早已宣布任何打击毒品的战争将是一场假装的战争。政府的两名主要成员已经辞职，因为在所谓的毒品战争的顶层，这种不愿意做任何事情。一位总检察长被迫辞职，因为他被认为与墨西哥政府勾结，在最高级别上保护它。一位总统被迫下台，因为他敢于尝试解决那些对毒品贩运负责的人。英国人把他们的鸦片贸易从广州转移到了香港，然后又转移到了巴拿马，这就是为什么把诺列加将军永远地赶出公司是如此重要。

海洛因从阿富汗到巴基斯坦，经过荒凉的马克拉海岸和红海，到达迪拜，在那里被用来换取黄金。它来自黎巴嫩，来自叙利亚控制的贝卡谷地，这解释了为什么叙利亚武装部队长期占领黎巴嫩；它来自缅甸和泰国的金三角，以及伊朗的金新月，这解释了为什么伊朗国王先是被废黜，然后在发现情况并试图阻止它时被暗杀。

这场针对美国的非常真实的毒品战争是一个世界政府阴谋的一部分，这个阴谋的根源在于300人委员会。毒品的历史与人类本身的历史一样悠久。推翻所有现有政府和宗教的**阴**谋是一个三方的努力--
精神、经济和政治。毒品是其主要武器。诺斯替主义是基督教的反击力量。英国女王是诺斯替主义者，她的丈夫菲利普亲王也是如此。它包括自由使用毒品、对母亲的崇拜、大地女神、神学和**玫瑰十字会**，他们掌管着被称为
"三合会   "的中国鸦片帮。三合会"从英国船只的仓库中获取鸦片，然后强迫中国地主开设鸦片馆。

阿利斯泰尔-克劳利（Alistair Crowley）是英国维多利亚时代社会中毒品恶魔的典范。这里是   "摇滚乐"的发源地，通过塔维斯托克研究所（Tavistock Institute）创建了   "摇滚乐队"来传播迷幻药、大麻以及后来的可卡因的使用。我们可能不知道，但像滚石乐队这样的颓废乐队享受着英国主要家族和德国寡头家族冯-
图恩和塔克西斯的赞助。受人尊敬的英国贵族家族长期以

来一直通过香港上海银行（被人们亲切地称为"鸿商银行"）从事毒品生意。香港和上海银行的业务是毒品，纯粹而简单。刺杀亚伯拉罕-林肯和后来的约翰-F-肯尼迪的阴谋正是来自这些贵族家庭。他们对美国的统治是完全的，通过他们的机构和社会，"刻意"的宗教组织来行事。英国皇室是布朗夫曼酒业帝国的真正主人。

在禁酒令时代，布朗夫曼家族是将酒精从加拿大走私到美国的最大走私者。美国人决不能忘记，这些有权势的人和他们的公司对美国实际淹没在其中的巨大毒品河流负有责任。我们的主要监督机构是皇家国际事务研究所（RIIA）。摩根担保公司的董事长也是RIIA董事会的成员。

摩根公司董事会的其他成员是香港上海银行的董事会成员。

卡托勋爵是香港上海银行 "伦敦委员会"的成员。正是RIIA通过一个由公司、机构和银行组成的网络，对全球毒品威胁负责。正是RIIA使毛泽东在中国掌权，然后使香港成为世界上主要的鸦片和黄金贸易站，这一地位一直保持到最近迪拜的扩张。前段时间，我写了一篇**关于澳大利**亚的毒品贸易的文章，并提到其方法。我收到一个人的信，他告诉我，他曾是一个最大的洗钱公司的信使，我的信息非常准**确**。

澳大利亚公司是由英国控制的。我已经提到了周恩来对埃及总统纳赛尔的威胁。两人都已去世，但中国领导人所说的话值得重复。

> 他们中的一些人（驻越南美军）正在尝试鸦片。我们帮助他们。你还记得西方（即英国）强迫我们服用鸦片的时候吗？他们用鸦片与我们作战。而现在我们将用他们自己的武器与他们作战。这种士气低落对美国的影响将远远超过任何人的认识。

这段对话是由备受尊敬的埃及《金字塔报》前编辑穆罕默

德-
海克尔于1965年6月录制的。知名的毒品洗钱者和与皇家国际事务研究所有联系的离岸银行散布在世界各地。以下是他们所在国家的名单。

新加坡	14
巴哈马	23
安提瓜岛	5
西印度群岛	10
百慕大	5
特立尼**达**	6
开曼岛	22
巴拿马	30

这份名单不包括中国控制的RIIA银行。关于后者的名单，**你可以**查阅波尔克的银行名录。知名人士的名单会写满几页。只要说其中有英国社会最杰出的人就够了，如马克-特纳爵士，他控制着英国皇室的主要银行，包括加拿大皇家银行。正是特纳的背景与英王乔治三世合谋，伤害美国殖民者。鸦片换黄金的最大交易是由英国中东银行在迪拜进行的。在迪拜交易的黄金数量超过了在纽约的销售量。这一行动由汉弗莱-特雷韦林爵士负责。

世界黄金价格**每天都在**伦敦圣斯威辛宫的N.M.罗斯柴尔德的办公室   "固定"。它完全基于鸦片的价格。在N.M. Rothschild办公室开会的是Harry Oppenheimer的南非英美公司、Moccato   Metals、Johnson Matthey   Kleinwart   Benson、Sharps、Pixley Wardley的代表，以及香港上海银行伦敦委员会的成员。

在它们之间，这些公司及其代表反映了鸦片和海洛因贸易的控制机构，**无论**是种植的数量、支付的价格，还是反过来说，黄金的价格；谁应该交易；在哪里交易；以及数量多少。

试图走私 "外国人" 的行为会很快被报告给大卫-洛克菲勒的私人警察网络，即 "国际刑警"，有时会被查获相对较少的毒品。这些缴获被世界媒体誉为虚假的毒品战争的 "重大胜利"。海洛因和可**卡因的批**发贸易通过以下主要银行进行。到目前为止，没有政府敢于对他们下手，尽管他们的邪恶活动的证据比比皆是。

美国

- 新斯科舍银行
- 海瑞温斯顿钻石经销商
- Mocatto金属
- N.M.R. 金属
- 罗布-罗兹
- 恩格尔哈德矿物公司
- **达德**兰银行
- 波士顿第一银行
- 瑞士信贷银行

加拿大

- 加拿大皇家银行
- 诺兰达销售公司
- 加拿大帝国商业银行
- 新斯科舍银行

- 香港。夏普-皮克斯利-沃德利
- Inchcape公司
- 综合宪章
- 香港和上海银行
- 标准银行和渣打银行
- 华侨银行
- 怡和洋行
- Sime, Darby
- 曼谷银行

中部地区

- 英国中东银行
- 巴克莱国际银行，迪拜
- 巴克莱优惠银行
- 以色列Leumi银行
- 印度哈波伦银行

巴拿马

- 美国班克贝里亚
- 巴拿马银行（Banconacional de Panama）

英国

- 国家威斯敏斯特银行
- 中部地区银行
- 巴克莱银行

巴拿马在毒品界很重要，因为它是作为可卡因贸易区建立

的。为此，在那里开设了大型商业银行。强人奥马尔-
托里霍斯（Omar
Torrijos）被任命为负责人，但当他改变了自己的隶属关系
后，他被 "解雇 "了。

当诺列加将军根据他自认为收到的美国联邦调查局的逮捕
令**开始拆除巴拿**马的洛克菲勒毒品银行帝国时，他被G.W.
H.布什总统指挥的7000人的军事特遣队绑架，并被带到迈
阿密作为主要 "毒品贩子 "受审。他付出的代价是被 "司法
"判处入狱，永远无法出狱。

尼克松总统认为他有足够的能力来解决通过法国进行的海
洛因贸易。他发现自己错了，由于他大胆地试图破坏英国
和美国之间的 "特殊联系"，他失去了总统职位。

该公司仍有大约**200吨可卡因膏，而众所周知，帕托**-
皮萨罗在其巅峰时期通过巴拿马银行转移了数亿美元。皮
萨罗是玻利维亚实体　 "公司　　"的负责人，直到他因试图
"赶走
"麦德林集团而被麦德林集团下令谋杀。有一个人对巴拿马
发生的一切了如指掌，但却没有报告，他就是隶属于美国
大使馆的负责DEA的特工阿尔弗雷多-邓肯。阿尔弗雷多-
邓肯（Alfredo
Duncan）是负责伦贝托（Remberto）**逃跑的主要人**员，他
是负责为　　　　　　　　　　　　　　　　　 "公司
"洗钱的人，是在巴拿马运作的玻利维亚网络中最重要的金
主之一。

这个网络是由大卫-
洛克菲勒建立的，作为主要的可卡因银行，就像英国人为
海洛因贸易建立香港一样。Remberto被引诱到巴拿马。他
等待着所谓的交易达成，但当当时的司法部长埃德温-
米斯（Edwin
Meese）警告墨西哥政府即将发生的事情时，伦贝托得以逃
脱，避免了被捕。负责的特工阿尔弗雷多-邓肯（Alfredo

Duncan）收到了来自华盛顿缉毒局的几十份电报，命令他逮捕伦贝托。当知道这只鸟已经飞走时，DEA特工阿尔弗雷多-邓肯（Alfredo   Duncan）指责CIA，声称它"把他（伦贝托）带到了康塔多拉岛"。因此，本可以成为反毒品战争的重大胜利的事情被挫败了。相反，它以订单受阻或被忽视的惨败告终。人们明显感觉到，伦贝托是故意让他逃跑的。

在被大肆吹嘘且耗资巨大的   "雪帽行动"中，美国缉毒署本应进入玻利维亚的丛林，拆除巨大的可卡因实验室。从一开始，"雪帽行动"就是一场欺诈性的闹剧，显然是为了让国会和美国人民相信，缉毒局在这场虚假的战争中取得了巨大的成功。"雪帽行动就像越南战争。美国并不打算赢得它。我们不敢；比赛太重要了。这场虚假的毒品战争充满了欺骗、谎言和虚伪。简而言之，它是对时间和纳税人金钱的浪费，是一个残酷的骗局，完全没有意义。正如美国政府愿意在越南牺牲其士兵的生命，知道我们没有兴趣打败敌人，政府也愿意牺牲有奉献精神的年轻缉毒局特工的生命，其中许多人在雪帽行动中以身殉职。

奥利弗-诺斯中校在美国参议院的一名成员眼中早已被怀疑。我所掌握的关于他在哥伦比亚挫败一次毒品行动的信息使我更加相信，我们的政府无意赢得其被大肆宣扬的"反毒品战争"。

在我的几本关于毒品的专著中，我广泛地谈到了麦德林卡特尔和哥伦比亚的可卡因大亨。在这方面，冒着   "广告"的风险，我要说的是，我一直站在披露   "麦德林卡特尔"这一名称和整个哥伦比亚可卡因贸易的最前沿。

与流行的看法相反，大多数可卡因不是在哥伦比亚加工的，而是来自玻利维亚。美国缉毒署的官方数字显示，97%的可卡因来自玻利维亚。哥伦比亚得到所有关注的原因是，玻利维亚人不是一个暴力的民族，他们几乎没有离开玻利维亚去卖东西。如果你想买可卡因，你必须去玻利维亚。

在**涉及奥利弗-**诺斯的案件中，深入麦德林卡特尔的卧底鲍比-西尔认为，诺斯实际上是在贿赂桑地诺领导人丹尼尔-奥特加。他将信息传递给缉毒局，后者将其交给了诺斯。北方有一个黄金机会，把他的钱放在他的嘴里。相反，他选择质疑西尔提供的信息，而西尔的历史将表明，他是有史以来在哥伦比亚最有效的缉毒局卧底特工。诺斯随后告诉缉毒局，他希望西尔把钱转给反政府武装。

我永远无法想象为什么诺斯要把西尔从他的动态角色中撤下来；这里有一个真正为我们这一方进行反毒品战争的人。当西尔拒绝被借调到诺斯时，他向媒体泄露了西尔的故事。结果是什么？有史以来最好的缉毒局行动被摧毁，西尔被麦德林贩毒集团的杀手杀害，此前他被剥夺了保护权，他的地址被法官下令公**开。你不相信我？自从我的启示**之后，有一部电影被拍摄出来，其中对故事的描述与我在西尔被谋杀前4年的描述完全一致。我不想评判诺斯中校，但将西尔的故事泄露给美国媒体的豺狼是一种背叛，与《*纽约时报*》通过其记者之一理查德-伯特将我们的卫星密码泄露给苏联的方式相当。至少，诺斯有很多解释要做。在我看来，诺斯只比"土包子"（街头俚语中的线人）高一级。鲍比-西尔的死是一个非常严重的损失。如果没有 "伊朗-康特拉"听证会，这一令人遗憾的事件可能不会被报道。

在我看来，来自北方的 "泄漏"不是一个意外，当然也不是一个孤立的事件。这并不是唯一一次出现证据表明我们的政府没有完全与毒品开战。在**另一起涉及麦德林卡特尔**的哥伦比亚案件中，其主要的玻利维亚供应商之一罗伯托-苏亚雷斯（Roberto Suarez）丢失了850磅可**卡因和他的两名高级**随从，他们在迈阿密的一次突袭中被捕。苏亚雷斯每天有一百万美元的收入，在这个水平上，这是一个稳定的收入。与其说他是玻利维亚的总统，不如说他是玻利维亚的领导人。

拉丁美洲政府高层人士多次出现在本案的文件中。在苏亚雷斯的**两名高级** "毒品外交官"被捕后不久，在美国毒品管制局和中央情报局的支持下，玻利维亚政府发生了最可怕的政变。政变成功了，使数千人丧生，并使玻利维亚成为哥伦比亚可卡因的主要供应国。也许这就是为什么对苏亚雷斯在迈阿密逮捕的两名 "毒品外交官"的指控被撤销，第三名男子的保释金被神秘地减少，使他们能够在同一天回国。

请记住，这些人不是像NBC夜间新闻中的那些小毒贩。这些人都是贩毒集团的高层，所以交纳任何保释金和离开美国都没有问题。那些对我们的政府和我们的总统抱有无端信心的人可能愿意相信这只不过是一场意外，但在数以百计的类似案件出错的情况下，我们怎么能相信我们的政府？显然，我不是唯一有怀疑的人。前海关专员威廉-冯-拉布曾经说过，他的部门对鹦鹉走私案比对主要毒品贩子的追查更感兴趣。

当冯-拉布谴责整个墨西哥政府腐败时，他成为国会毒舌的目标。事实和情况似乎支持冯-拉布的严重指责。墨西哥在回应对其高级官员参与贩毒的指控时，通常会说 "给我们证据，我们可以调查你们的指控"。**每当有机会提**供证据时，我们政府内部的神秘力量就会介入并阻挠这一行动。

其中一个案件**涉及前**总统萨利纳斯-德-戈尔塔里的新闻团成员赫克托-阿尔瓦雷斯。阿尔瓦雷斯和另一名前线人员巴勃罗-

吉隆（Pablo Giron）告诉一名冒充可卡因大买家的卧底缉毒局特工，他可以与墨西哥政府安排将玻利维亚的可卡因通过墨西哥运往美国。这是在初步讨论"购买"玻利维亚基本可卡因期间。吉隆说，他与墨西哥将军波布拉纳-希尔沃有直接联系，后者将跟进他（吉隆）的电话。

吉隆告诉一名缉毒局特工（他发誓），他与萨利纳斯-德-戈塔里**关系非常密切。一名海关线人还发誓**，他被告知阿尔瓦雷斯是负责保护当选总统戈尔塔里的特勤人员的一部分。在这个特定的"购买"建议中，涉及**16吨可卡因**。这与雪帽行动完全分开。在巴拿马的讨论中，负责巴拿马的缉毒局特工阿尔弗雷多-邓肯（Alfredo Duncan）告诉一些缉毒局和海关特工，曼努埃尔-诺列加将军是"缉毒局的人"。华盛顿缉毒局局长约翰-劳恩的信中至少三次证实了这一点。

与阿尔瓦雷斯有关的另外两个人是玻利维亚人拉蒙和巴尔加斯，他们在玻利维亚拥有一个可卡因实验室，每月定期生产200公斤可**卡因。最终，**DEA的"买家"，一名合同飞行员和一名海关官员，获得了玻利维亚人的信任，并被邀请检查他们在玻利维亚丛林深处的设施。他们的发现让他们目瞪口呆，惊诧不已。

他们发现了七条能够处理747飞机的跑道，旁边还有非常大的地下实验室和支持性建筑，这是一个惊人的综合体，由全副武装的军队把守。他们参与的交易涉及购买5,000**吨可卡因。然而，在**Snowcap运作的这么多年里，DEA从未接近过玻利维亚的设施。

当密探问拉蒙和巴尔加斯他们是否不害怕"雪帽行动"时，他们只是笑了笑。拉蒙和巴尔加斯有充分的理由充满了欢笑。"雪帽行动"是一场官僚主义的恶梦。据巴尔加斯说，所有错误的设备都被送到了玻利维亚，其中大部分是无用的，还有许多其他 "失误"。在玻利维亚，没有人对 "雪帽行动"有丝毫担忧。分配给 "雪帽"的飞机没有到达丛林设施的射程，为数不多的直升机完全不能胜任这一任务。这是众多 "失误 "中的**另一个失**误吗？

我不认为这是一个简单的官僚主义失误。从我收集到的信息来看，这些 "错误"似乎是故意的破坏行为。一方面，缉毒局特工的火力不能指望与 "公司 "的军事能力相提并论。

1988年，DEA在 "雪帽行动"上花费了一亿美元。我们得到的回报是什么？大约一万五千公斤的部分加工的可**卡因**!

虽然这可能看起来很多，但与公司的生产能力相比，这只是杯水车薪。请记住，这一万五千公斤相当于玻利维亚不到三个月的可**卡因**产量。为什么我们不以更低的价格购买可**卡因**--我们本可以这样做--就像这位特务乞求华盛顿的每个人允许的那样？

答案是，缉毒局拒绝把钱投入到一项采购中，而这项采购不仅可以获得大量完全加工的可卡因，还可以获得玻利维亚 "公司"的四名最高领导人。它还将为美国提供迄今为止一直缺乏的墨西哥政府最高级别参与的证据。

- 为什么DEA拒绝支付这笔钱？

- 为什么圣地亚哥的美国助理检察官拒绝批准进行窃听，而窃听将导致墨西哥将军波布兰诺-席尔瓦的出现，吉隆即将打电话给他，并将其卷入大规模的可卡因购买活动。

- 为什么司法部长埃德温-梅斯打电话给墨西哥司法部长，警告他即将开展的缉毒署行动，该行动将使波布兰诺-

席尔瓦将军卷入玻利维亚的重大可卡因分销阴谋
？

• 据报道，海关专员威廉-冯-
拉布因厌恶梅斯的电话警告而辞职
我们在哥伦比亚的 "禁毒战争 "又如何？

美国在这个国家的情况如何？答案是，我们在哥伦比亚的
所作所为比地球上任何地方都要糟糕得多，尽管仅在该国
就有数百万美元投入
"毒品战争"。G.H.W.布什总统在哥伦比亚没有做任何有意
义的事情。1991年2月25日，哥伦比亚总统塞拉-
加维利亚宣布，他的政府将与贩毒者及其恐怖主义朋友举
行和平谈判。

所谓的   "和平倡议
"不过是对哥伦比亚毒枭的要求的完全屈服。不会再有引渡
到美国的说法。这是加维利亚对华盛顿进行五天访问的结
果，在此期间，布什政府赞同向可卡因大亨投降。布什称
这一计划是
"勇敢的和英勇的"。多年来收集针对毒枭的真正确凿证据
的工作现在一文不值；这些证据已被破坏，永远无法在法
庭上使用。

鲍比-
西尔等人白白牺牲。经布什政府批准，M19游击队（FARC
和ELN恐怖分子）和他们的可卡因老板完全控制了为哥伦
比亚制定新宪法的33名代表。总共约有77名代表被赋予这
一职责。

可**卡因大亨**们公开嘲笑美国毒品管制局和美国海关总署，
这也难怪。他们现在将在哥伦比亚大展拳脚，几乎不用担
心他们无能的政府，更不用说华盛顿。根据我收到的1992
年2月18日《旁观者》报的副本，并从西班牙文翻译过来，
这家报纸似乎是唯一有足够勇气反对加维利亚和布什投降
的报纸。

在勒索和犯罪的压力下，国家避免行使其保护人类生命的基本责任，同意逐一谈判作为国家存在基础的法律原则。

布什声称在不存在的 "毒品战争"中取得了胜利，这是一种误导。如果事情不是如此严重，行政部门的统计数字将是一个糟糕的笑话。2004年2月，布什政府发布了国家毒品控制战略报告，该报告由白宫新任毒品问题负责人、前佛罗里达州长鲍勃-马丁内斯编写。马丁内斯是在威廉-贝内特与司法部长索恩堡的战争失败后得到这份工作的。这只是成千上万个为裙带关系提供工作机会的案例中的另一个。

前州长约翰-埃利斯-布什（Jeb Bush），G.W.H.布什的儿子和乔治-W.布什的兄弟，曾在前州长马丁内斯的手下担任商务部长。杰布-布什实际上有很大的问题，这些问题从未浮出水面。他向尼加拉瓜政府出售可**卡因的名字出**现在报告中，诺斯中校并不相信--并设法掩盖了这一事实。布什这份漏洞百出的文件充满了伪造的统计数据。缉毒局特工私下里称其为"完全的**垃圾**"。

当约翰-劳恩还是美国毒品管制局的负责人时，他和他的特工们对里根**关于打**击毒品的战争 "已经转危为安"的声明感到非常好笑。约翰-罗恩已经离开了，但对这场灾难的记忆却挥之不去。布什政府自豪地指出向哥伦比亚提供了6500万美元的紧急援助，用于其"反毒品战争"。

哥伦比亚国家警察的米格尔-戈麦斯-**帕迪利亚**（Miguel Gomez Padilla）少将说，送来的材料是错误的，这些援助适合于常规战争，但 "在我们正在进行的战争类型中

"完全没有用处。

美国会那么愚蠢吗？我不这么认为。更有可能的是，发生在哥伦比亚援助计划上的事情是一次蓄意策划的破坏行为。

在哥伦比亚毒品战争中积累了二十年的经验后，人们可以想象，我们的政府会积累足够的知识，知道需要什么样的设备。毒品战略报告没有提供任何关于毒品供应的信息，也没有提供确认的使用者人数。他们也没有解决所有问题中最关键的问题，即追捕使用者，DEA特工长期以来一直主张将其作为最可能成功的策略。

难怪美国政府对毒品使用的巨大增长没有多说什么!随着大麻现在在37个州的主要经济作物，如何阻止这种"生意"？当被称为 "sinsemellia"的无籽、强效和高质量的大麻开始在美国种植时，我们将很有兴趣看看会发生什么。

只要可卡因的价格超过黄金的价格（每公斤5000美元），海洛因的价格是同等重量黄金的六倍，就不可能根除毒品贸易，至少如果高层的腐败蔓延到整个毒品机构的队伍中。

缉毒署充斥着冲突。1973年由尼克松总统创建，以避免麻醉品和危险药品局与海关局之间的冲突，今天海关和DEA之间的嫉妒和冲突比以往任何时候都多。士气是不存在的。我们该何去何从？并不是说再次改组会有什么不同。除非自上而下地解决这个问题，否则阻止毒品流入美国的所有努力都将动摇和失败。对于一场真正的战争，你必须打击国内最高职位的人，并对他们进行严厉打击。我不知道谁会有足够的勇气来承担这项任务，但我们肯定需要一个无畏的领导者。

政府已经失去控制；它不知道该国毒品问题的程度。药物滥用警告网络报告说，用药过量并没有像布什政府所说的那样下降；之所以没有报告，是因为医院的预算被大幅削

减，以至于没有钱雇佣监测用药过量病例所需的工作人员。

而巴拿马呢，自从诺列加将军被绑架后，该领土对毒品贸易来说是安全的？我记得在1982年，我曾报道说，根据美国财政部提供的统计数据，巴拿马国家银行的美元流量增加了近500%。仅在这一年就有约60亿美元的未申报资金从美国流向巴拿马。我的消息来源说，自从诺列加将军被绑架以来，巴拿马国家银行的现金流达到了创纪录的水平。这本应使布什政府感到担忧，但白宫方面几乎没有任何担忧的迹象。

巴拿马的银行结构是由尼古拉-阿迪托-巴莱塔建立的。巴雷塔是可以接受的，因为他以前管理过海洋和美联银行，该银行被毒品银行家的银行--香港和上海银行接管。巴雷塔拥有处理非常大量的毒品现金所需的所有经验。正是在诺列加与巴莱塔对立的时候，布什政府才**开始着手除掉**这位将军。

在   "自由贸易"的假名下，我们看到美国的毒品数量有了惊人的增长。可**卡因从未像今天**这样便宜，也从未像今天这样容易获得。蒙特佩兰协会是   "自由贸易"的最重要推动者之一。非常不幸的是，这么多右翼爱国者仍然被这个组织所诱惑。

我并不假装知道毒品贸易所带来的可怕威胁的答案。我所知道的是，必须采取一些紧急和激进的措施，因为即使在我写这本书的时候，强大的力量正在努力说服美国人民，解决毒品问题的办法是将其合法化。我一点也不相信。吸毒合法化将使美国变成一个吸毒成瘾的国家，就像英国东印度公司将中国人变成一个鸦片成瘾的国家一样。毕竟，是英国东印度公司的后裔和他们的蓝血美国佬伙伴在主持大局。至于"毒品战争"，它从未发生过。它一直是，并将一直是，一场假的反毒品战争。

被围困的巴拿马》是我写过的关于毒品交易的最重要的自上而下的**揭露性文章**。遗憾的是，它没有得到应有的关注，可能是因为标题对其内容说明不多。如果你需要说服布什的毒品战争是一场假战争，请阅读下一章。你会发现，在巴拿马，打击毒品的战争是不存在的，就像在美国一样。美国国务院有自己的毒品情报部门。

它定期发布关于 "反毒品战争"成果的光辉报告。国务院关于巴拿马的报告是典型的布什政府的虚伪行为。国务院在报告中指出哪些国家被 "认证"为打击毒品的国家，然后这些国家为此目的从美国政府获得资金。最近，巴拿马被 "认证"为一个打击毒品的国家，因此有权得到美国的施舍。事实是，自从诺列加将军被强行赶走后，巴拿马就成了贩毒者及其洗钱银行的避风港。然而，国务院的案文指出，

> "在推翻诺列加将军的军事行动之后的几年里，巴拿马加入了国际反毒品的努力。"

恩达拉政府已采取重大措施打击洗钱活动，缴获了创纪录的毒品，并与美国政府签订了重要的毒品管制协议。

这完全是一派胡言，纯粹而简单。这份漏洞百出的报告证明，布什的反毒品战争毫无价值，如果考虑到多年来的情况，就更能看出这是一个谎言。没有采取任何措施来阻止叙利亚在黎巴嫩贝卡谷地的毒品贩运和海洛因提炼，直到几年前，在以色列的投诉下--
与毒品贩运无关，而是与安全问题有关--
叙利亚军队离开了贝卡谷地。

第四章

被围困的巴拿马

为了充分了解在巴拿马--

一个对美利坚合众国的国家安全和商业利益至关重要的地区--

正在发生的事情，我们需要回到以香港为中心的毒品贸易。自从英国人将香港作为海洛因的转运点以来，这个城市就具有了一种重要性，与它作为电视和纺织中心的普遍形象相去甚远。

如果香港只是一个普通的交易中心，黄金市场就不会蓬勃发展。但英国的老牌贵族和寡头家族通过将鸦片从孟加拉运到中国而发了财。而且付款总是用黄金。

英国人和他们在美东地区环环相扣的老牌自由主义当权派家族，以及他们在华尔街古老的律师事务所、银行、家族拥有的经纪公司和投资公司网络，对美国所做的事情与他们对中国以及在较小程度上对西方世界所做的一样。随着美国的可卡因   "贸易"开始超过海洛因的贸易，巴拿马成为世界上第一个安全的银行区，成为大量现金流入的安全港。

好莱坞人群将可卡因作为一种"娱乐性药物"，并普及其使用，就像他们在 "咆哮的20年代"在虚构的叙述中赞扬从加拿大流向美国的布朗夫曼酒的时尚一样。昔日的酒类大亨已成为今天的毒品大亨。没有什么变化，只是分发和隐藏的机制变得更加复杂。没有更多的汤普森机枪，没有更多的穿着华丽衣服的吵闹的黑帮分

子，让我们感到脸红。所有这一切都过去了--
今天，它是伦敦、纽约、香港、拉斯维加斯的会议室和高级俱乐部以及尼斯、蒙特卡洛和阿卡普尔科的酒吧里的优雅形象。寡头政治总是与它的宫廷仆人保持谨慎的距离；不可触及，在他们的宫殿和权力中安详。

议定书仍然存在，谋杀案也是如此。可卡因黑手党仍然有"处决"的习惯，即以他们自己独特的方式谋杀他们认为背叛了他们的人。受害者被剥去内裤，双手被绑，眼睛被蒙住，头部左侧中弹。这是可卡因杀手的"商标"；警告其他人不要试图带着他们的钱或毒品逃跑，或为自己做生意。聪明的人设法逃脱了刺客的子弹，只是被报告给当局。

大多数所谓的"缉毒行动"来自于大毒贩提供的信息，以使新的、独立的毒贩失去业务。当"老板"被抢劫时，高级别的保护并不总是奏效，正如巴拿马国民警卫队前队长、曼努埃尔-诺列加将军的公开敌人鲁本-**达里奥-帕雷德斯将**军的25岁儿子所发现的那样，他最后被可卡因杀手"打扮"在哥伦比亚的一个坟墓里，左太阳穴上有一个弹孔。

即使他父亲的地位也不能保护他免受可卡因集团老板的愤怒。由于中国政府**极力要求从鸦片/海洛因蛋糕中分得更大**的一杯羹，并要求更多地控制香港利润丰厚的黄金和鸦片贸易，英国高层控制人员开始将巴拿马作为其银行业务的一个"替代方案"进行宣传。巴拿马永远不会取代香港；实际上，香港控制着鸦片和海洛因贸易，而巴拿马控制着可卡因贸易，但这**两者在很大程度上是重叠的。**

读者应该明白我在这里说的是什么。我不是在说那些没有

达到预期的公司，我不是在说那些有时会出现巨额亏损的公司，比如说 "不错"的通用汽车。不，我说的是一个巨大的实体，它总是年复一年地赚取巨额利润，从未让其 "投资者 "失望。

2007年，境外毒品贸易每年超过5000亿美元，并且每年都在增长。2005年，DEA估计这一数字为2000亿美元，对于一个相对较小的 "投资 "来说，这不是一个糟糕的 "增长"速度。这笔巨额的现金仍然在所有国家的法律之外，因为它跨越了国际边界而不受惩罚。毒品交易是以 "私运"的方式进行的吗？[3]长相阴险的人是否带着装满百元大钞的行李箱旅行？

他们很少这样做，但只有在国际银行及其联盟金融机构的自愿和故意的合作下，毒品贸易才能进行。就这么简单。**关**闭毒品银行，毒品贸易将开始枯竭，因为执法机构对被迫公**开的毒**枭进行猛烈打击，因为他们被迫使用绝望的、对他们来说是危险的替代方法。换句话说，关闭鼠洞，就会更容易摆脱老鼠。虽然我们不时看到与毒品有关的逮捕和当局缴获的大量毒品令人欣慰，但与总数量相比，这只是杯水车薪。它们是 "未注册的"竞争者信息的结果。这样的 "打击"远比传说中的冰山一角要少。由于他们的私人情报系统往往比大多数小国的情报系统要复杂得多，大毒枭和他们的银行家通常比执法部门领先几步。

成功打击毒品威胁的方法是通过世界上的大理石大厅和装饰精美的银行大厅，这对文明构成的危险比中世纪的黑死病还要大。我们从最困难的角度来处理这个问题。我们试图抓住经营者，而不是金融家。几个世纪以来，英国银行一直控制着海外毒品银行业务，就像他们控制着钻石和黄金交易一样，这两种交易都与海洛因交易密切相关。

---

[3] "走私 "或 "秘密贸易"，译者注.

这就是为什么维多利亚女王派遣当时（1899年）世界上最强大的军队去粉碎南非的两个小布尔共和国，仅仅是为了获得他们的黄金和钻石的控制权，帕默斯顿勋爵、阿尔弗雷德-米尔纳爵士和约瑟夫-张伯伦认为这是为他们的业务提供资金而又无法追踪付款来源的绝佳方式。这仍然是香港海洛因贸易的主要资金来源。毕竟，黄金和钻石是没有个性的。

这就解释了为什么伊丽莎白女王在政策问题上最常与撒切尔夫人发生争执。女王想取消南非政府及其反毒品的立场。女王想派一位Furhop先生去管理那里的事务，就像他在罗得西亚（现在的津巴布韦）为她做的那样。Furhop是**她**的信使的真名，更有名的是'Tiny'Rowland，**她通**过她的大表哥Angus Ogilvie经营巨大的LONRHO集团，她是该集团的主要股东。从某**种意**义上说，南非和巴拿马都是出于同样的原因而被围困。

南非人正在防止他们的黄金和钻石库被寡头贵族接管，而在巴拿马，他们宝贵的银行保密制度正被诺列加将军撕碎。当局不打算让这些挫折打倒他们!为了让人们了解巴拿马的利害**关系**，缉毒局估计，每天有大约3.5亿美元的资金通过电传银行转账转手。这就是所谓的"银行间货币"。大约50%的银行间资金来自毒品交易，并流向**开曼群**岛、巴哈马、安道尔、巴拿马、香港和管理这一庞大资金流的瑞士银行。作为毒品交易的结果，我们不得不面对"浮动汇率"的负担。

这种不稳定的影响是由巨大的现金量造成的，而我们的系统在设计时并没有考虑到这一点；固定汇率不可能在一天内处理固定平价下的大量和快速的货币转移。当"经济学家"批准"浮动"汇率政策时，他们向我们出售了虚假的承诺，他们编造了各**种**经济术语来掩盖真正的原因，即大量的脏钱流动！"经济学家"们认为，"浮动"汇率政策是一个很好的选择。

由于这些钱大量在巴拿马流通，有必要在巴拿马拥有一个可以信任的资产，以保持最严格的银行保密性。美国毒品管制局估计，每年仅从美国消失的资金就有30亿美元，最终流向巴拿马。库德特兄弟，东方自由派机构的"黑帮律师"，在"奥林匹亚人"信任的信使索尔-利诺维茨的带领下，开始了工作。他创造了奥马尔-托里霍斯将军，并把他作为一个"巴拿马民族主义者"向美国人民介绍和推销。他的"大卫-洛克菲勒制造"的印章被小心翼翼地隐瞒了绝大多数美国人民。

由于参议院中那些被出卖的CFR仆人，如丹尼斯-德-康西尼和理查德-卢格等人的背叛，巴拿马以美国纳税人数百万的代价落入托里霍斯将军的手中。但托里霍斯和其他许多凡人一样，很快就忘记了他的"创造者"是谁，奥林匹斯山的众神被迫将他从现场移走。1981年8月，托里霍斯被正式谋杀。显然，他是在一次飞机失事中丧生的，这与亚里士多德-奥纳西斯的儿子遭遇的那种"事故"非常相似。

发生的情况是，一个或多个不知名的人改变了机翼襟翼的机械原理，所以当它们被放下准备降落时，它们实际上使飞机向上飞。托里霍斯最初是由基辛格选定的，这一点我们已经习惯了。当他开始认真对待自己作为巴拿马"民族主义者"的角色，而不是他被指派的傀儡时，他不得不离开。基辛格被任命为总统的中美洲两党委员会的负责人，这是里根的另一个违背的承诺。这加强了他对巴拿马的控制，或者说他是这么认为的。

我们必须用特洛伊木马的眼光来看待巴拿马，也就是说，我们必须像基辛格的安第斯计划所看到的那样看待中美洲，它是成千上万的美国军队的狩猎场。基辛格的命令是在该地区发动另一场"越南战争"。巴拿马是该计划的核心。但托里霍斯有其他想法。他想加入孔塔多拉集团，该集团试图通过真正的工业进步为该地区带来稳定和解决贫困问题。现在，我并不致力于康塔多拉斯，我在很多方面与他们有分歧。但不可否认的是，康塔多拉家族大体上致力于按照牙买加的大麻经济模式打击为中美洲规划的毒品经济。

这种   "自由贸易"的想法得到了蒙特佩兰协会成员的支持，包括委内瑞拉的西斯内罗斯和威尼斯的西尼基金会。由于这个原因以及威胁要谴责洛克菲勒在巴拿马的银行系统，托里霍斯被"永久固定"，用特务的说法就是 "被暗杀"。

正如我之前所说，我们谈论的不是小毒贩或街头毒贩，好莱坞喜欢将其描绘为毒品交易。我们谈论的是大银行和金融机构；我们谈论的是身居高位的人；我们谈论的是支持和庇护毒枭的国家，像古巴这样的国家；我们谈论的是一个如此强大和有力的组织，它使整个国家屈服，哥伦比亚共和国。

我将写下美国国务院在阻挠反毒品战争中的共谋行为。我将写下南希-里根对这一威胁作出的令人难以置信的愚蠢的"说不   "反应。与今天的情况相比，流经   "法国纽带"的海洛因数量只是小事一桩。然而，我们决不能忽视这样一个事实：前总统理查德-尼克松是唯一一位坚定地处理美国面临的毒品威胁的总统。由于他在自上而下解决毒品交易方面的无礼行为，他被免职，被水门事件的骗局所羞辱，被嘲笑，被羞辱，作为对那些将效仿他的人的教训和警告。相比之下，里根总统的   "反毒品战争"仅仅是弹指一挥间的事。创立皇家国际事务研究所的"圈内人"并没有改变其方向。值得重复的是，毒品交易被构成这个内部秘密社团成员的通婚后代和家族牢牢控制，他们的血统可以追溯到美国社会金字塔顶端的阿尔弗雷德-米尔纳、格雷、贝尔福、帕默斯顿、罗斯柴尔德等领主。

他们的银行和美国的银行都不是小角色。事实上，在美国财政部的帮助下，小银行已经或正在被淘汰，无论是自愿的还是其他的。这一点在佛罗里达州尤为明显，从1977年**开始，以参与清洗**肮脏的毒品资金而闻名的大型银行，如标准和渣打银行、哈波伦银行，都搬到了佛罗里达州，那里是 "行动 "的地方。然后 "大人物"**开始**谴责独立的可卡因小商贩使用的小银行。记住，毒品垄断企业有自己非常有效的情报网络。财政部对小银行下手，但对大银行却不闻不问。当大银行被抓时（已经发生过几次），他们会受到最宽松的对待。

日内瓦的瑞士信贷银行和波士顿第一银行的案例就证明了这一点。波士顿最古老的银行被发现与瑞士信贷合作清洗毒品资金。已对第一国民公司提出了约1200份单独的起诉书。司法部将这些指控合并为一项，而该银行只得到了一个小小的耳光，只被罚了500美元！"。瑞士信贷没有受到司法部或财政部的起诉!瑞士信贷仍然是继美国运通之后最大和最有效的洗钱银行之一--银行界的 "贱民"。

参与肮脏毒品资金交易的其他主要银行有国民西敏寺银行、巴克莱银行、中部银行和加拿大皇家银行，利润丰厚。加拿大皇家银行和国民威斯敏斯特银行是加勒比群岛毒枭的主要毒品银行家，是大卫-洛克菲勒大肆宣扬的
"加勒比盆地倡议
"的一部分。通过国际货币基金组织，基辛格命令牙买加种植 "自由企业
"天麻（大麻），现在天麻占了牙买加外汇收入的大部分。同样的事情发生在圭亚那，这也是吉姆-
琼斯搬到那里的原因--
只是琼斯不知道他的操纵者的真正目的。在一次大规模的瓦**卡**维尔式洗脑实验中，琼斯从未实现他的目标。他在完全不知道是谁在拉拢他的情况下死去。

牙买加只是其中一个靠毒品收入生活的国家。爱德华-
西加在担任牙买加首脑时，厚颜无耻地对包括《华盛顿邮

*报》*在内的美国报纸说，无论是否被接受，"这个行业，就其本身而言，是会存在的。它根本无法被根除。我并不反对 "留在这里 "这句话。利用摇滚乐 "音乐 "作为传播 "娱乐性毒品
"的工具，并在最高层受到保护，毒品交易似乎确实注定要继续存在。

这并不是说它不能被消除。在我看来，根除计划的第一步是攻击其主要银行，并通过一项法律，规定所有形式的摇滚乐--磁带、唱片等的销售和摇滚乐会的宣传--
为刑事犯罪，可判处重刑。

伊朗和伊拉克之间的 "绞肉机战争
"的衍生品之一是海洛因的销售激增，而双乙酰吗啡就是从海洛因中提取的。这笔交易的大部分收益都进入了巴拿马的银行，也就是我前面提到的与香港的 "重叠 "部分。

伊朗官方有260万海洛因成瘾者，其中150万在军队中，成瘾的士兵可以按需获得海洛因。人们会记得，在美国之间的战争，即内战期间，英国的寡头也尝试过同样的行动，但没有成功。海洛因的钱不仅助长了海湾战争，还助长了
"自由战士 "的装备，乔治-
舒尔茨用这个词来描述非洲人国民大会（ANC）、巴斯克分**离主**义分子（ETA）、爱尔兰共和军（IRA）、锡克分离主义运动、库尔德人等的谋杀者。销售鸦片和可卡因的资金通过世界基督教协进会输送给这些恐怖组织。

从以上内容可以看出，为什么巴拿马对一个世界的超国家力量如此重要。巴拿马的银行系统是由大卫-
洛克菲勒建立的，是一个方便毒品交易资金的银行存管。巴拿马被指定为可卡因的银行中心，而香港仍然是海洛因和鸦片的中心。巴拿马的银行系统按照洛克菲勒的计划由尼古拉斯-阿迪托-巴莱塔（Nicholas Ardito Barletta）进行重组，他曾是世界银行的董事，也是海洋米德兰银行的董事，该银行被毒品银行之王香港上海银行接

管，巴莱塔被接受是因为他的 "可敬"形象和处理大量毒品资金的经验。1982年，财政部估计，在1980年至1984年期间，巴拿马国家银行的美元流量增加了近500%。仅在这四年期间，就有约60亿美元的未申报资金从美国流向巴拿马。

秘鲁前总统阿兰-加西亚（Alan Garcia）对毒枭发动了一场全面的战争，他于1998年9月23日就这一问题在联合国发言，并列举了秘鲁在打击毒品战争中的成功和胜利。他接着说。

> 因此，我们可以问美国政府，如果我们在五十天内这样做了，它为在中央车站和其他许多地方倒下的个人的人权做了什么，**它将在什么**时候以合法和基督教的方式为消除消费而斗争？

南希-里根夫人的回应是"只要说不"，但这并不是对加西亚总统隐含的指责的回应，即美国在消除毒品祸害方面所做的工作远远低于其能力。然而，这么多所谓的 "经济学家 "仍然以 "自由贸易"的名义呼吁将这种卑劣的贸易合法化。

其中，迭戈-西斯内罗斯是蒙特佩兰协会的成员，该协会是一个所谓的保守派组织，提倡 "自由贸易 "理论。1961年8月，奥马尔-托里霍斯被暗杀后（他被谋杀是因为他选择无视亨利-基辛格的命令，表现出强烈的单干迹象），强人鲁本-**帕雷德斯将**军控制了巴拿马。但在1981年2月，他犯了一个错误，威胁要将美国大使从巴拿马驱逐出去，因为他干涉了该国的内部事务。基辛格向帕雷德斯传递了一个信息。

在一个**惊人的** "转变"中，**帕雷德斯将**军突然开始支持基辛格的安第斯计划，将中美洲变成美国军队的另一个越南，放弃了对孔塔多拉政策的支持。尽管康塔多拉集团有许多缺陷，但它从根本上意识到基辛格在中美洲的

"特洛伊木马"，并努力防止该地区出现类似越南的冲突。
亨利-基辛格和美国国务院此前曾宣传帕雷德斯是
"巴拿马民族主义者，是美国坚定的反共朋友"。

在基辛格赞助的对华盛顿特区的访问中，帕雷德斯由基辛
格亲自护送。在托里霍斯被谋杀六个月后，帕雷德斯将军
接管了国民警卫队的指挥权。此后，帕雷德斯公开赞扬哥
伦比亚FARC恐怖分子，并破坏了孔塔多拉为实现和平解决
该地区问题而做出的努力。他还不遗余力地培养阿努尔福-
阿里亚斯的友谊，《华盛顿邮报》、《纽约时报》以及令
人惊讶的参议员杰西-
赫尔姆斯都把他描绘成巴拿马领导人的合法继承人，据说
他的位置被诺列加将军篡夺了。奇怪的是，在巴拿马运河
条约的听证会上，媒体对托里霍斯篡夺阿努尔福-
阿里亚斯的   "合法
"地位一事只字不提！这让人很不理解。有很多关于阿里亚
斯是一个
"纳粹"，因此不配领导巴拿马的胡言乱语。这种反德国的
宣传不值得评论。

尽管他25岁的儿子和另外两个巴拿马   "商业伙伴
"被为奥乔亚和埃斯科瓦尔家族工作的杀手以可卡因黑手党
的方式无情地处决，但帕雷德斯仍然对毒枭及其银行网络
保持忠诚。失去巴拿马的支持对康塔多拉斯的愿望是一个
打击。这意味着巴拿马将继续成为一个   **开放
"的中心**，为向该地区出售武器提供资金，包括以色列根据
当地领导人和已故的阿里尔-
沙龙（基辛格的前商业伙伴）之间的协议提供的武器。

除了基辛格**众所周知的威**胁外，国际货币基金组织在敲诈
帕雷德斯方面也发挥了作用。我的消息来源告诉我，基辛
格让大家知道，如果帕雷德斯与他的主人闹翻了，国际货
币基金组织重组巴拿马3.2亿美元债务的备用协议可能就会
失效。**帕雷德斯**
"得到了这个消息"。国际货币基金组织立即与诺列加将军

展开斗争，**他在**1986年3月22日的电视讲话中告诉巴拿马人民，国际货币基金组织正在扼杀巴拿马。

总统埃里克-
德尔维勒不幸地支持国际货币基金组织的紧缩措施，这些措施旨在削弱工会对诺列加的支持。工会联合会CONATO随后**开始威**胁要与诺列加将军决裂，除非国际货币基金组织的指令被忽略。

曼努埃尔-
诺列加将军在还是诺列加上校的时候，是巴拿马反毒品办公室的负责人，并为使巴拿马国民警卫队不受腐败的影响而奋斗了十年，而腐败就像白天跟着黑夜一样肯定。由于奥乔亚和埃斯科巴家族几乎控制了巴拿马，这不是一项小任务。诺列加的毒品战争得到了缉毒署（DEA）负责人约翰-C-
劳恩的证实。罗恩并不以发表花言巧语或写贺信而闻名。因此，他给诺列加将军的信因其不吝赞美之词而更加引人注目。

以下是这封信的摘录，它代表了这封信的写作方式和风格。

> 我想借此机会重申我对你所采取的强有力的打击毒品贩运政策深表赞赏，这体现在巴拿马多次驱逐被指控的贩运者，在巴拿马查获大量可卡因和前体化学品，以及在巴拿马境内根除大麻**种植**。

华盛顿邮报》和《纽约时报》都没有看到**适合**转载秘鲁一家报纸的这一赞誉。我将在稍后回到毒品管制局和约翰-C-劳恩的主题，因为它具有核心重要性。

华盛顿邮报》为反驳这一精美的证词所做的唯一一件事就是发表其所谓的　　　　　　"情报专家　　　　　"西摩-赫什的不实之词，他写了一篇文章，声称诺列加将军是中央情报局的
"双重间谍"，向其提供从古巴获得的情报。这是真正的情

报专家的一个众所周知的伎俩。这些 **"启示
"**的目的是煽动古巴情报总局的刺客们以诺列加将军
**"加倍古巴
"**为借口刺杀他。如果刺杀企图成功，这将转移基辛格-
银行家团伙的注意力。赫什的信息和叙述往往不是很准确
，诺列加的 **"披露
"**应该被看作是：可能是为暗杀诺列加将军而设的局。

诺列加用他所掌握的所有微薄资源进行了反击。但应该指
出，任何打击贩毒的行动都是危险的。

巴拿马是一个例子，说明一个强大的敌人能够采取什么样
的反击行动。在加勒比海和巴拿马，缉毒部队遇到了由索
尔-
利诺维茨所在的库德特兄弟律师事务所组成的财团。该财
团的其他成员包括菲德尔-**卡斯特**罗、大卫-
洛克菲勒、亨利-
基辛格和国际货币基金组织（IMF），以及一些大银行和
美国国务院。基辛格的安第斯计划被诺列加将军挫败，他
因反毒品的立场而受到抨击。巴拿马事件的结果是可以预
见的。洛克菲勒的加勒比海盆地倡议相当于把一个每年价
值至少350亿美元的毒品帝国交给了菲德尔-
卡斯特罗，他无意不战而屈人之兵。

在哥伦比亚，大卫-洛克菲勒和基辛格建立了一个
"国中之国"，**卡洛斯**-莱德勒--在他被捕之前--
是奥乔亚和埃斯科瓦尔部族的头目，几乎统治了整个国家
。在波哥大市中心，该市一半的地方法官被军情九处的毒
枭私人游击队（也称为FARC）处决。

这次袭击是一种纯粹的无政府主义行为，使哥伦比亚处于
一种麻木的恐惧状态。这场狂热的活动背后是什么，这其
实是一场革命？这只是钱，一波又一波的钱，流向加勒比
海和巴拿马的离岸避风港。缉毒署估计，1980年至2006年
期间，仅哥伦比亚就积累了390亿美元的现金。缉毒局和财

政部认为，巴拿马已经成为可卡因世界的银行首都，我对这一评估没有异议。1982年，财政部报告说，巴拿马国家银行已成为毒品美元的主要清算所，其现金流在1980年至1988年间增加了六倍。

在诺列加将军上台之前，巴拿马也是贩毒大亨们的首选聚集地。洛佩兹-米歇尔森提出，如果哥伦比亚政府将毒品家族的地位"合法化"，他将用可**卡因**收入偿还哥伦比亚的外债，他在巴拿马的活动相当自由，在那里他经常与豪尔赫-奥乔亚和巴勃罗-埃斯科巴会面。据了解，这些哥伦比亚贩毒集团的重要成员与1974年至1976年的哥伦比亚财政部长罗德里戈-博特拉-蒙托亚（Rodrigo Botera Montoya）进行了交易，后者在中央银行设立了一个"**开放窗口**"，毒品美元可以在那里自由、公**开地**进行兑换，而不会与当局发生任何问题。这扇"窗户"从未**关**闭过!它的俗称是"**阴险窗**"，即字面意思是"**阴**险的窗户"。正是通过这个"窗口"，菲德尔-**卡斯特**罗收到了大量的美元。

美国当局是否知道博特拉的活动？当然，他们是。博特拉是著名的阿斯彭研究所、福特基金会的成员，也是美洲对话组织的前联合主席。他与风流倜傥的埃利奥特-理查森很熟，后者因在水门事件丑闻发生后迫害和背叛理查德-尼克松总统而被人们记住。鲜为人知的是，埃利奥特-理查森，一位杰出的波士顿婆罗门，是已故赛勒斯-哈希米的律师。哈希米是1979年**卡特**-霍梅尼武器交易中的头号枪手。

理查森是安哥拉马克思主义政府的官方代表和法律顾问。他还大量参与了掩盖9名精神病患者在罪恶的布里奇波特设施中神秘死亡的丑闻，该设施至今没有得到调查。理查森与毒品贸易的联系可以通过他于1961年在秘鲁利马帮助创立的支持毒品的游说团体--自由与民主研究所看出来。

鉴于在巴拿马悲剧的发展过程中出现了大量的名字，似乎应该列出参与其中的主要行为者和机构--
尤其是诺列加的敌人，他们人数众多，势力强大，如下表所示。

阿尔文-维登-甘博亚

这位巴拿马律师是毒枭的信使，与诺列加的另外两个敌人温斯顿-罗伯斯和罗伯托-
艾森曼组建了人民行动党（PAPO），这是一个维护人权的反对党。他们都强烈反对巴拿马国防军，并作为巴拿马
"替代性民主政府
"的成员，经常得到美国杰克尔报刊和国务院的慷慨赞誉。

Cesar Tribaldos

他大量参与了为哥伦比亚可卡因大亨洗钱的活动。他与《新闻报》的所有者、PAPO的成员罗伯托-艾森曼（Roberto Eisenmann）现在和曾经是公民十字军运动的协调人。他还曾在大陆银行的董事会任职。

Ricardo Tribaldos

他被指控试图向巴拿马进口大量的前体化学品乙醚（丙酮），这是用于提炼可卡因的主要化学品。里卡多在1984年建立了这项行动，因为他预计哥伦比亚人奥乔亚和埃斯科巴将在巴拿马开设一个主要的可卡因加工实验室。

罗伯托-艾森曼

罗伯托-
艾森曼是《新闻报》的所有者，当时是美国国务院的一个强大资产。他在为巴拿马提议的　　　　　　　"替代性民主
"政府中占有重要地位。艾森曼痛恨诺列加拆除了豪尔赫-热那亚的一个主要业务，并关闭了1985年违反巴拿马银行法的第一美洲银行。这让艾森曼和他的同事感到困惑。

没有人想到，在尼古拉斯-
巴莱塔做出改变后，会对控制巴拿马80%经济的国际社会

采取严肃的行动，并建立了一个
"巴拿马的瑞士"。因此，当诺列加向美国毒品管制局提供
这一信息，导致可卡因大亨豪尔赫-
奥乔亚在西班牙被捕时，这个由毒品贩子和银行家组成的
精英群体感到震惊。**巴拿**马的机构被这些事态发展所震慑
。

艾森曼成为诺列加的激烈批评者，指责他破坏了巴拿马的
经济，甚至指责他参与了可卡因贩运，而事实上是艾森曼
与哥伦比亚可卡因大亨密切合作。艾森曼是一群毒枭、银
行家、律师和报纸编辑中的一员，他们支持民主的言论是
为了掩盖他们的行踪，如果真相大白，他们会直接被引向
清洗肮脏的可卡因资金。艾森曼领导对诺列加的攻击达12
年之久，是美国国务院打算在诺列加被赶下台后领导政府
的第一人选。一些读者可能会以怀疑的态度看待这些信息
，但我相信我的信息经得起任何检验，因为它有坚实的事
实支持。1964年，艾森曼被**揭露是**购买迈阿密达德兰银行
的幕后黑手，费尔南德斯集团通过该银行清洗可卡因和大
麻，这些证据足以让银行理所当然地接受毒品管制局的调
查。但这并没有发生。

费尔南德斯集团于1984年被起诉，在将毒品交易的大量现
金转移到巴拿马之前，将其储存在从银行租用的金库中，
法庭记录显示，该集团持有艾森曼的达德兰银行发行的总
股份中的大部分。**然而，正是**韦登、艾森曼和费尔南德斯
明确指控诺列加与毒枭交易。在宣传之后，费尔南德斯的
集团将他的黑钱从达德兰银行转移到伊比利亚美洲银行，
起诉书中提到该银行是他使用的15家巴拿马银行之一。艾
森曼后来发誓，他不知道他的达德兰银行被用来洗毒品钱
。

Carlos Rodriguez Milian

这位莱德尔、埃斯科瓦尔和奥乔亚兄弟的杰出信使，每月
领取200万美元的工资，直到他被缉毒局特工逮捕，因为他
的克星诺列加将军提供了情报。他的工作是监督并向美国

银行、第一波士顿和花旗银行等机构交付巨额毒品现金，用于洗钱目的。

在1988年2月11日参议院外交关系委员会麻醉品小组委员会的听证会上，其程序旨在抹黑和玷污诺列加将军的名字。米利安被从监狱中带出来，在那里他因与毒品有关的商业活动而被判处43年的徒刑，以指证诺列加将军。但他扰乱了程序，并通过透露他向几家美国银行交付了巨额毒品美元而使委员会成员感到害怕。他在宣誓时出人意料和不请自来的披露被美国媒体的豺狼们完全掩盖了。

Julian Melo Borbua中校

1964年，博布阿从巴拿马国民警卫队不光彩地退役，成为指控诺列加的明星证人之一。当他还在国民警卫队时，他在哥伦比亚遇到了奥乔亚兄弟，后者给了他工作，并付给他500万，让他在巴拿马丛林中的达里安开设一个可卡因实验室；为出售的武器（大部分来自以色列）获得安全的储存和转运设施以及安全的住房，并与各银行建立安排，以促进这些非法交易的资金流动。参与这个项目的同胞是里卡多-特里巴尔多斯（Ricardo Tribaldos），这个人因试图向巴拿马进口乙醚而被起诉，还有一个叫加布里埃尔-门德斯的人。

当诺列加的手下开始销毁大量乙醚酸货物并找到和拆除一个大型可卡因实验室时，特里巴尔多斯和门德斯知道他们正在逃亡。在未披露的个人的指导下，特里巴尔多斯、门德斯和博尔布阿计划从巴拿马进行大规模资本外逃。

该计划要求对军队进行攻击和抹黑，如果可能的话，还要暗杀诺列加。但在这之前，巴拿马国防军（PDF）发现了这一阴谋，并逮捕了这三人。门德斯和特里帕尔多斯被指控贩运毒品并被监禁，但在可疑情况下被巴拿马法院释放。Borbua被PTO开除，并获得荣誉。他们都成为为推翻诺列加将军而成立的公民十字军阵线的积极成员。

公民讨伐行动

艾森曼及其同**伙的**这条战线完全是为了用来对付诺列加将军。它的赞助商是艾森曼、巴莱塔、特里巴尔多斯、卡斯蒂略和布兰登、埃利奥特-理查德森、诺曼-贝利和索尔-里诺维茨。1987年6月，"公民十字军"在华盛顿特区成立，自称 "巴拿马反对诺列加的国际代表"的**刘易斯**-加林多被聘为该组织负责人。

加林多通过三边委员会和索尔-利诺维茨（Sol Linowitz）与国务院的舒尔茨派和东海岸自由派的关系无可挑剔，后者是奥林匹亚最信任的仆人之一，也是著名律师事务所库德特兄弟的合伙人。这家律师事务所就是要背叛美国，将美国的主权领土割让给巴拿马，这是美国宪法所禁止的。加林多在哥伦比亚前总统阿方索-洛佩斯-米歇尔森那里也有无可挑剔的资历，毒品情报人员普遍认为他在1974年至1978年的任期内监督了哥伦比亚的可卡因和大麻贸易。

罗伯斯兄弟

伊万-罗伯斯和他的兄弟温斯顿是巴拿马的主要律师。他们的恶名归功于贩运可卡因的老板和他们的银行家。温斯顿-罗伯斯是罗伯托-艾森曼的《新闻报》的共同编辑，事实证明他与费尔南德斯-**达德**兰银行有联系。国际法律目录给出了该律师事务所的**正确名称**：Martindale-Hubbell, Robles and Robles。艾森曼-德拉普雷萨也是达德兰银行三分之一股份的确凿拥有者，他过去与费尔南德斯集团有着不光彩的关系，被前国务卿乔治-舒尔茨和国务院看中，要取代诺列加将军。

这些 "谈判"源于1988年2月5日佛罗里达州迈阿密大陪审团对诺列加提出的完全错误的毒品贩运指控。这份起诉书再次强调，美国人民迫切需要在我们的法律体系中摆脱 "大陪审团

"这一古老而封建的附属机构。关于   "谈判
"的最新信息是乔治-舒尔茨的声明。

我们已经与他（诺列加）进行了多次讨论，但我们尚未达
成协议，如果诺列加自愿退出，将撤销对他的指控。

约翰-波因德克斯特上将

对诺列加的不实指控源于波因德克斯特迫使该将军下台的
任务失败。波因德克斯特代表舒尔茨的任务与里根总统摆
脱马科斯总统的残酷信息相一致，由参议员保罗-
拉克索尔特传达，他比波因德克斯特更好地扮演了犹大的
角色。波因德克斯特的任务引发了目前毒枭、银行家、律
师和他们的美国盟友发动的战争，以摆脱诺列加将军和PD
F领导的大力推行反可卡因法律和银行政策对他们生存的威
胁。在迈克-
华莱士的电视采访中，诺列加明确表示，波因德克斯特是
作为一个恶棍来的，要求巴拿马向奥林匹亚人的殖民主义
要求低头（The Committee of 300）。

我并不反对美国军队入侵尼加拉瓜，但另一场越南式的战
争只会落入一个世界政府和我们境内的叛徒手中。波因德
克斯特得到了美国媒体的支持，他们甚至主张用武力消灭
诺列加。在对波因德克斯特的威胁作出坚定的回击后，诺
列加知道游戏已经结束了。因此，他试图与庇隆主义者结
盟并赢得他们的支持。在与阿根廷马德普拉塔的贝隆主义
领导人举行的会议上，诺列加和他的中级军官代表团得到
了他们期望的保证。但很快就采取了反措施来吓唬阿根廷
人。英国军队在福克兰群岛举行
"演习"，以显示如果阿根廷干预巴拿马事务会发生什么，
美国陆军南方司令部负责人约翰-
卡尔文将军与阿根廷国防部长霍拉西奥-
胡安纳雷纳会面。这次会议显然是关于英国的威胁和两国
在福克兰群岛问题上日益紧张的关系。

高尔文将军向胡安纳雷纳发出严厉警告，不要卷入巴拿马

的事务。高尔文在布宜诺斯艾利斯的任务可以正确地与豪瑟将军在德黑兰的任务相比，当时前总统吉米-**卡特正在背叛伊朗国王。**

美国缉毒署的反毒品行动是在代号为 "捕鱼行动"的三年调查之后进行的，表明毒枭及其支持者是巨大利润的受益者。直到1985年，没有人认真担心过它们。但是，在1985年，以前似乎隐约有可能很少使用的法律会成为通过恐吓、贿赂和腐败来处理的问题，诺列加现在表明，他不可能被威胁或收买，他是认真的。

"捕鱼行动"导致18家巴拿马银行的54个账户被关闭，并缴获了1000万美元和大量的可**卡因。后来确定**，这些银行是由人民保卫部队的一些成员提供线索，并在被突袭之前转移了大量现金。随后，巴拿马国防军又冻结了另外85个银行账户，这些账户的存款被认为沾有血迹和可卡因，这一行动是由巴拿马国防军实施的（PDF）。58名主要的哥伦比亚人、美国人和一些古巴裔美国人 **"跑腿"**的人被逮捕，并被指控贩运毒品。巴拿马第23号法律的通过使 "捕鱼行动"成为可能，它预示着毒贩子在未来可以期待的结果。*La Prensa*痛苦地抱怨说，巴拿马国防军正在代表美国政府开展反毒品广告**运动**，这一运动将 "破坏巴拿马的银行中心"。

Jose Blandon

这就是何塞-布兰登（Jose Blandon）的案例，他被支持毒品的财团扭转了180度。布兰登在与反可卡因部队的战争中被指派的角色是什么？

他被雇来为试图扳倒诺列加将军的埃利奥特-理查森-索尔-利诺维茨派系争取所谓的 "国际支持"。这样一来，布兰登就被证明是一个虚伪的、不择手段的骗子。布兰登为威利-

勃兰特的社会主义国际（在某些圈子里也被称为伙伴关系）服务。在担任诺列加的主要指控者之前，曾任纽约驻巴拿马总领事的布兰登于1987年8月11日在巴拿马的电视台上支持诺列加。他猛烈抨击反对诺列加将军的势力--将这种敌意定性为主要是为了清算何塞-布兰登的运动。

让我们仔细看看国务院的   "巴拿马"发言人。在他在电视上支持诺列加后不久，实际上还不到一个月，布兰登就被舒尔茨、基辛格和埃利奥特-艾布拉姆斯等东方自由派人士抓住了，并被告知不要再支持错误的马。根据情报报告，布兰登不知道诺列加的未来会怎样。他被断然告知要   "加入胜利的队伍"，否则在"新政府"成立时就会被排挤。布兰登总是一个自私的人，他不惜改变路线，跳上了   "抓诺列加"的行列。转换阵营后不久，布兰登宣布他正在"收集国际社会对诺列加将军的支持"。

因此，他被立即解除了领事职务。任何政府都不能让其官员与   "主张推翻政府的外国势力"合谋。布兰登立即得到了国务院和美国媒体的支持。诺曼-贝利博士把他说成是一位受人尊敬的巴拿马高级官员，他对诺列加所谓的   "贩毒"有一些真正令人吃惊的信息要传授。我不能完全肯定布兰登没有立即得到贝利、公民十字军和索尔-利诺维茨的财政支持，但华盛顿说它收到的一些信息倾向于证实布兰登是利诺维茨、诺曼-贝利和公民十字军的付费雇佣兵。曾在美国代表诺列加将军的迈阿密律师雷-塔基夫（Ray Takiff）简单地说，布兰登是一个受美国政府雇佣的骗子。

布兰登的控制者之一是负责国际事务的副助理国务卿威廉-G-沃克，他后来在塞尔维亚政府的垮台中扮演了一个肮脏的角色。根据我收到的报告，是沃克指导布兰登在参议院外交**关系委**员会恐怖主义、麻醉品和国际行动小组委员会（一个反对诺里加的小组委员会）作证的。随后，沃克在摧毁塞尔维亚领导人米洛舍维奇的过程中发挥了关键作用，这导致了该国的垮台和阿尔巴尼亚穆斯林政府的接管。

布兰登因其从一个主题到另一个主题的情绪波动而臭名昭著，更不用说沿途换马。沃克希望确保布兰登不偏离可能导致复杂化的领域，同时在委员会面前 **"开**诚布公"地作证，就像罗德里格斯-米利安对美国主要银行的尴尬陈述一样。我们熟悉的公民十字军的刘易斯-加林多是布兰登的另一位"教练"，还有沃克和诺曼-贝利博士。加林多花了很多时间告诉布兰登，当他在急于"抓住诺列加"的参议院小组委员会作证时，要坚持基本原则。

委员会一定很熟悉布兰登歪曲 **"事实**"的癖好，同样，委员会也一定知道他相当可疑的"高层国际联系"。然而，在2月8日至11日的会议上，参议院小组委员会大部分时间都将布兰登作为其指控诺列加的明星证人。这应该让所有重视我们机构和传统的爱国者深感不安。

对诺列加的攻击贬低了我们的机构，更不用说对我们的司法系统产生严重怀疑。虽然根据法庭的证据规则，布兰登的证词绝不会超过几分钟，但在盘问下，委员会成员急切地听着他对诺列加将军漫无边际、自相矛盾的谩骂。即使有这样的回旋余地，而且委员会成员弯腰表示关心，布兰登的表现也和被传唤为检方作证的罪犯弗洛伊德-卡尔顿和米利安-罗德里格斯一样糟糕。

这一程序让人联想到"表演审判"，在美国制度中没有任何地位。如果这就是我们的政客们所谓的 **"开放政府"**，那么上帝保佑美国。小组委员会的听证会能

被称为 "审判"吗？我倾向于认为这是对诺列加将军的审判，尽管小组委员会主席约翰-克里在被问及时断然拒绝。凯里将布兰登在委员会面前游街，就像狗展上的狗一样。当布兰登开始语无伦次时，凯里反**复告**诉他 "留下孩子--不要这么快"。这就是那个要竞选美国总统的约翰-克里。感谢上帝，他被打败了。

克里确保不提及布兰登最近在电视上发表的支持诺列加的讲话。在那次演讲中，布兰登说，对人民保卫部队指挥官的指控是 "捏造的"，并坚决否认人民保卫部队军官参与了毒品贩运。这可能是好的政治，但却是坏的司法。最后，由于无法跟上自己的胡言乱语，布兰登自相矛盾，对同一事件作出了如此不同的描述，甚至连媒体的豺狼们，特别是《时代周刊》，也不得不勉强承认布兰登的可信度不存在！"。但对约翰-克里来说不是这样，他不能失去他的星室证人。

布兰登关于诺列加参与贩毒的 "事实"是怎**么来的**？该领域专家准备的仔细分析表明，诺曼-贝利、洛佩兹-米歇尔森、罗伯托-艾森曼、**刘易斯-**加林多使用的短语和词语与布兰登使用的许多词语和短语之间有惊人的相似性。这样看来，这些人可能是在把话说到布兰登的嘴里。我们已经见过百万富翁加林多，据说他是靠房地产发家的，还有《新闻报》的艾森曼，但值得顺便一提的是，加林多受到三边委员会的索尔-利诺维茨及其亲密伙伴诺曼-贝利博士的信任。

Lopez Michelson

洛佩兹-米歇尔森在1974年至1978年期间担任哥伦比亚总统，在此期间，他与菲德尔-**卡斯特**罗成为亲密的朋友，后者在卡洛斯-莱德勒被缉毒局特工强迫逃离巴哈马后重新上任。正是米歇尔森的财政部长罗德里戈-博莱罗-蒙托亚（Rodrigo Bolero Montoya）为可卡因大亨存入毒品美元提供了便利，他在哥伦比亚国家银行打开了 "阴险的窗口"，这是米歇尔森代表可卡因大亨奥乔亚、莱德勒和埃斯科巴进行监视活动的一部分。洛佩兹-米歇尔森甚至试图使毒品大亨合法化，以换取他们提出的偿还哥伦比亚的外债义务

Nicolas Ardito Barletta

国务院雇佣的另一个走狗是尼古拉-阿迪托-巴莱塔。巴莱塔是国家安全委员会的诺曼-贝利的朋友和知己，也是国家安全委员会-中央情报局 "银行家分部   "的负责人，与索尔-利诺维茨和威廉-科尔比关系密切，显然是   **搞定**诺列加 "派的重要盟友。我已经提到，在布兰登颁布严格的银行保密法后不久，巴拿马就成了毒贩及其洗钱银行的天堂：正好赶上可**卡因**贸易的 "**繁荣**"。他的银行保密法从未受到挑战--直到诺列加将军承担起这个可怕的责任。难怪布兰登会与他的敌人结盟。布兰登在华盛顿被称为巴拿马的 "银行家的人"。

史蒂芬-萨诺斯

被认定为毒贩的萨诺斯似乎很容易接触到像波因德克斯特上将这样的政府官员和像巴莱塔这样的知名人士，令人惊讶。萨诺斯是由艾森曼、加林多和其他人组成的小组的一员，该小组发起了针对诺列加的诽谤运动。看来萨诺斯是何塞-布兰登众多 "教练 "中的一员。

萨诺斯在联邦证人计划的保护下，前往见他的美国高层关系。也许是由于萨诺斯提供的证据，他的前同事和商业伙伴费尔南德斯因贩卖大麻被判处监禁。我们可能永远不会知道，但这一定是为什么萨诺斯被允许前往美国，而像联

合国前秘书长瓦尔德海姆总统这样的人却被列入黑名单。

以约翰-
克里为首的参议院委员会似乎想尽一切办法来抵制布兰登疯狂的不稳定表现。在被媒体问及布兰登不断变化的证词、不准**确和矛盾**之处，参议员达马托（D'Amato）之一说："广告商将试图做任何事情来诋毁布兰登先生的证词。但最终，布兰登的证词被证明不过是过度成熟的想象力的产物。他声称，他看到了证实中情局对某些美国参议员私生活进行间谍活动的文件，这一指控被中情局强烈否认，但被布兰登证实，引起了轰动。布兰登关于中情局的 "重磅炸弹"几乎和米利安**揭露的美国主要**银行参与肮脏的洗钱活动一样令委员会不安。

支持 "抓诺列加 "**阴谋的另一位 **"有影**响力的**国际人士"是美国有线电视新闻网的特德-
特纳。特纳被认为是三边委员会的成员，曾被大卫-
洛克菲勒亲自
"训练"。似乎他的名字已经被加入到诺列加的敌人名单中。罗伯托-
艾森曼的《新闻报》在参议院小组委员会听证会后松了一口气。很明显，这个笨蛋银行家对巴拿马的政策现在将成为美国的官方政策。美国领导的反对人民解放军的运动直接来自《新闻报》的版面，它对被   "压制"的愤怒嚎叫。可卡因大亨和他们的银行家们写下了里根政府对当时世界上最好的贩毒斗士曼努埃尔-
诺列加将军的仇恨之歌的歌词。

诺列加被诽谤的事实应该告诉我们他在禁毒战争中的有效性。如果他不是一个实体，在华盛顿和巴拿马就没有人会**关心**。一场国际仇恨和诋毁运动迅速达到顶峰，并以诺列加的下台而告终。根据最可靠的信息，我确信，即使在诺列加下台后，他仍然处于巨大的危险之中。这一信息被证明是正**确的**，诺列加被绑架并被送往佛罗里达州的一所监狱，随后是一场在任何西方国家的判例中都无法比拟的滑稽审判。毒枭和他们的银行家们不会原谅和忘记。诺列加被标记为要被消灭，就像尼加拉瓜的索摩查将军被标记为要被暗杀一样。

小组委员会的听证会上出现了一些积极因素。保罗-格尔曼将军否认像布兰登和诺曼-贝利所说的那样发现诺列加有不法行为的证据。他说，没有确凿证据表明诺列加与可卡因大亨有联系。德国人说，有一些传言，但从来没有发现真正的证据。委员会也无法拿出一丝可信的证据来支持对诺列加的虚假指控，尽管克里费尽心机，但他还是被定罪并被判处终身监禁，他将永远不会被释放。

布兰登、巴莱塔、利诺维茨、埃利奥特-艾布拉姆斯、埃利奥特-理查森、刘易斯-加林多和罗伯托-艾森曼等人都希望看到毒品贸易合法化。理查森处理这个问题的方法非常巧妙。他主张毒品合法化，却没有表现出这样的意思。他的说法是，现在试图打击毒品威胁已经"太晚了"，无论做出什么努力来压制它，就像之前的酒精一样，最好的解决办法是使毒品合法化。根据理查德森和他的东方自由派银行家的说法，从长远来看，这将被证明是更有效和更便宜的--这正是参议员爱德华-肯尼迪在多次尝试毒品合法化时所采取的路线。

爱德华-肯尼迪幸免于兄弟们的命运，因为他在推动建制派法案通过参议院方面很有用--这是他继续政治生涯的唯一原因。如果肯尼迪敢于投票反对支持禁毒的立法，哪怕是一次，他就会被投票淘汰。我们知道它，他也知道它。这一点是很清楚的。在他抄自1986年《美洲对话》的《Sol Linowitz报告》的文章中，理查德森实际上是引用了《新闻报》和卡洛斯-莱德勒提出的论点，支持将可卡因和大麻的使用合法化，就像美国最终被迫将酒精合法化一样。美洲对话是东方自由派和拉丁美洲之间的意见交汇点，它在300人委员会的主持下监督该地区的三边政策制定。

简而言之，它的存在是为了扼杀三边委员会的决定。其成员名单使我们有可能迅速评估这个机构在多大程度上是为了执行CFR的命令而设立的。当麦乔治-邦迪、利诺维茨、基辛格、约翰-R-佩蒂、罗伯特-S-麦克纳马拉、巴莱塔和蒙托亚的名字出现时，我们可以肯定，在十字路口的肮脏工作是存在的。

哥伦比亚可卡因大亨的信使桑佩尔-皮萨诺（Samper Pizano）说，西方需要考虑用一种新的、独创的方法来解决毒品问题。皮萨诺并不否认他与哥伦比亚可卡因大亨的联系，他曾经交给洛佩兹-米歇尔森一张非常大的支票，作为对其总统竞选的"贡献"。Michelson接受了这笔钱，尽管他知道这笔钱来自Carlos Lederer。

理查森也提出了选择性合法化的疲惫论点。显然，美国的6500万吸毒者是不够的。理查森表示，打击毒品的战争不可能获胜，这又是一个古老而危险的论点，它忽视了加西亚总统在短短50天内就能对可卡因黑手党给予的重击，而且他所掌握的资源严格来说是有限的。决定性的论点是以下说法："......毒品的非法性加剧了对吸毒者和美国社会的伤害"。作为法院的官员，理查德森先生理应接受美国律师协会的审查，被指控促进毒品销售，并以这些理由被起诉。美洲对话组织的麻醉品银行家俱乐部支持使毒品合法化的尝试。波士顿第一银行、瑞士信贷和哥伦比亚的可卡因大亨之间存在经证实的联系，这一点不难证明；比试图使何塞-布兰登扭曲的证词可信和可接受要难得多。

如果参议院小组委员会真的想在打击毒品贩运的斗争中投射出可信度，为什么不对瑞士信贷银行、波士顿第一银行、美国**运通和美国**银行下手呢？约翰-克里在这一切中的作用是什么？国务院什么时候真正开始害怕诺列加？

我想说的是，这是在美国缉毒署-
巴拿马联合缉毒行动成功之后立即进行的，该行动代号为
"捕鱼行动"，由美国缉毒署于1987年5月6日公**开披露，它**
被称为
"联邦缉毒历史上最大和最成功的秘密调查"。国务院立即
与本文中提到的个人合作发起反击行动，以破坏　"鱼行动
"的成功，并解除诺列加将军的巴拿马国防军司令职务。国
务院及其在支持兴奋剂的游说团体中的盟友有充分的理由
害怕诺列加，正如1987年5月27日美国缉毒局局长给诺列加
的信中的以下摘录所示。John C. Lawn，再清楚不过了。

> 如**你所知**，刚刚结束的　　　　　　　　"双鱼座行动
> "是成功的：从国际毒贩和洗钱者手中缴获了几百万美元和
> 几千磅毒品。**你对**　　　　　　　　　　"捕鱼行动
> "的个人承诺（重点是）以及巴拿马共和国其他官员的称职
> 和不懈的专业努力，对这次调查的成功结果至关重要。世
> 界各地的毒品贩子都知道，他们的非法活动的收益和利润
> 在巴拿马是不受欢迎的。

的确如此!

在这最后几句话中，我们找到了国务院为什么要反对诺列
加将军的关键，以及为什么要在全国范围内发起一场针对
当时世界上最有效的贩毒斗士的诽谤和诋毁运动。约翰-C-
罗恩的信与何塞-
布兰登和被定罪的毒贩米利安努力抹黑哥伦比亚毒枭、他
们的巴拿马银行家和他们在东方自由派机构的盟友（其中
包括《纽约时报》和《华盛顿邮报》）的可悲景象形成鲜
明对比。

参议院小组委员会的听证会通过支持毒枭和他们的银行家
，对美国人民造成了可怕而不幸的伤害，并且几乎埋葬了
里根总统本应留在乔治-H-W-
布什手中的弱小的反毒品计划的剩余部分。作为一个反对
毒品威胁的国家，我们残破的自尊心只剩下南希-

里根可怜的
"说不"。这些话不值一提，尤其是与我们可以归于诺列加
将军和阿兰-加西亚总统的英勇行为相比。

美国建制派新闻界，这些豺狼，听从集团领导人大卫-
洛克菲勒的指令，在美国策划了恶毒的反诺里加运动，导
致迈阿密大陪审团对这个被毒品管制局局长慷慨称赞的人
提出起诉。这里谁错了？是John   C.
Lawn吗？他赞扬的诺列加真的是那个被媒体、律师、银行
家、有偿骗子和可卡因黑手党的政治组织描绘成毒贩子的
朋友和保护者的人吗？

乍一看，似乎有一些混乱。要么诺列加显然不是约翰-C-
罗恩称赞的人，要么参议院小组委员会的证人是骗子。我
们把它留给你，让你自己得出结论。让我们回到
"诺列加的敌人
"名单，看看谁是对现代毒贩的最佳对手犯下这一最野蛮罪
行的主要肇事者。

鲁本-达里奥斯-帕雷德斯将军

这位退役的巴拿马国民警卫队指挥官是诺列加将军最善于
战斗和最危险的敌人。尽管他的儿子被可卡因黑手党残忍
地处决，但帕雷德斯仍然忠于奥乔亚兄弟，甚至在发现他
打电话询问他失踪的儿子时，他们对他撒了谎。帕雷德
斯接受了奥乔亚斯的说法，即他的儿子是安全的，尽管哥伦
比亚媒体大肆宣扬小鲁本已经死亡，是   "大黑手党
"的受害者。**帕雷德斯与菲德尔-卡斯特**罗和他自称的
"特别朋友   "罗伯托-迪亚斯-
埃雷拉上校有着长期的联系。鉴于这些已知的事实，发现
帕雷德斯在家中接待卡洛斯-莱德尔的私人恐怖分子军队--
M19的成员，并在M19部队在巴拿马成立以保护达里安可
卡因实验室和以色列军火库后保护他们，这并不令人惊讶
。

帕雷德斯是基辛格、利诺维茨和国务院的选择，一旦诺列

加将军因司法部的威胁或起诉而被迫离开，他将取代诺列加。这就是与诺列加将军进行所谓 "谈判"的基础。1987年7月，**帕雷德斯威**胁说，如果诺列加将军不辞职，就在巴拿马发动战争。基辛格和利诺维茨指派给**帕雷德斯的角色是一个破坏者，以确保没有个人或政党强**大到足以威胁到毒枭及其银行网络的利益。如前所述，当托里霍斯出现这种迹象时，他发生了致命的飞机"坠毁"。是否有参议院小组委员会如此急切地寻找的、在诺列加将军案中没有找到的那种真正的证据，可以将帕雷德斯与可**卡因大亨及其奸商**银行家联系起来？众所周知，奥乔亚夫妇给帕雷德斯送了昂贵的礼物，包括昂贵的纯种赛马，但这本身并不是充分的证据。然后是帕雷德斯的副手朱利安-梅洛-巴尔布亚中校之间明确确立的关系问题，我们已经见过他，他与里**卡多**-特里巴尔多斯、海梅-**卡斯蒂略**、门德斯和斯蒂芬-萨莫斯等其他奥乔亚人贩子的密切关系没有争议，不可能以任何方式向**帕雷德斯将**军隐瞒。

1984年，当洛佩兹-米歇尔森在巴拿马与哥伦比亚可卡因大亨会面时，是梅洛-博尔布阿确保他们没有受到干扰。我提到斯蒂芬-萨莫斯，因为他嫁给了阿尔玛-罗伯斯，罗伯斯兄弟的妹妹，他们的律师事务所被毒枭利用。萨莫斯是费尔南德斯集团的一名信使，直到他被抓。根据我的信息，他与梅洛-博尔布阿很熟，他的活动不可能逃过像帕雷德斯将军这样的人的注意。

尽管帕雷德斯与毒品有关，但他受到美国媒体的追捧。他得到了相当好的媒体评论，他的肮脏的过去显然被隐藏得很好，就像美国贸易和经济代表团的皮托夫拉诺夫将军受到美国媒体的喜爱一样，尽管他的过去是克格勃全球绑架和谋杀小组的负责人。

诺曼-贝利博士

贝利的背景与国家安全委员会有关，他在那里任职，然后与臭名昭著的巴拿马运河事件的作者索尔-利诺维茨联手。在担任国家安全委员会成员期间，贝利被指派研究毒品资金的流动，这使他对巴拿马有了第一手经验。作为学习的直接结果，贝利与尼古拉斯-阿迪托-巴莱塔成为朋友。据认为，贝利对诺列加产生了仇恨，将巴列塔失去总统职位归咎于他。贝利说。

> 当我的朋友尼基-
> 巴莱塔辞去巴拿马总统职务时，我开始了对巴拿马的战争。

贝利从负责使巴拿马成为贩毒者和洗钱银行的避风港的人那里学到了很多**关于巴拿**马银行保密法的知识，他成了这些人的代言人。

贝利为什么要对巴雷塔的解雇感到不满？因为巴莱塔是代表英国和美国实权派高层的"地面上的人"，他们在毒品贩运方面已经到了眉毛的地步--当然是在安全距**离上。他也是国际货币基金组织（IMF）**在巴拿马当地的人，以确保其指令被毫无疑问地服从，而且他是乔治-舒尔茨的最爱。当诺列加将军抵制国际货币基金组织的紧缩措施时，他与阿迪托-巴莱塔（Ardito Barletta）发生了正面冲突，并通过代理与华盛顿的精英主义机构发生冲突。贝利不知道的是，诺列加将军一直在与阿兰-加西亚交谈，他的战术曾成功地保护秘鲁免受国际货币基金组织的掠夺，诺列加后来在巴拿马采用了这种战术。

结果，当贝利试图成为国际货币基金组织的执行者时，他被赶走了。就在那时，乔治-舒尔茨根据诺曼-贝利和他的商业伙伴威廉-科尔比的建议作出了对诺列加和国民警卫队发动全面战争的决定，恐慌的巴拿马和美国毒品洗钱者曾咨询过科尔比、贝利、维尔纳和合伙人公司。从那时起，诺列加将军除了被称为 "独裁者 "之外，再也没有别的称呼。

贝利坚持认为，他对摆脱诺列加不感兴趣。他说，更重要的是在军事上摆脱他，因为据贝利说，"巴拿马是西半球军事化程度最高的国家。"这一引人注目的声明必须与众所周知的事实相平衡，即正是贝利起草了布兰登、艾森曼和韦登对诺列加的指控。贝利作为公民行动小组的成员，努力推翻诺列加，用贝利喜欢的   "平民军政府 "取而代之，一旦上台就举行自由选举，并为此规定了一年的期限。

贝利是《纽约时报》和《华盛顿邮报》对诺列加的抹黑的主要贡献者，他称之为 "98%的事实"。即使只有2%不是事实，那么他的文章肯定是完全可疑的？通过贝利，反对诺列加将军的阴谋已经全面展**开，从哥**伦比亚的可卡因大亨到华盛顿、伦敦和纽约的精英人士。正是通过贝利，在凶残的下层可卡因黑手党和以埃利奥特-理查森和乔治-舒尔茨为代表的华盛顿、波士顿、伦敦和纽约的社会和政治机**构中**值得尊敬和不可触及的名字之间建立了联系。

这关系到贩毒者所产生的巨额资金，这些资金仍然是非法的，但鉴于立法者面临   "放松 "大麻和可**卡因等毒品的** "社会使用 "的压力，这些资金可能不会再多了。在反对吸烟的压力背后，是毒品游说集团将危险的、容易上瘾的毒品的 "轻度使用 "合法化的**运动**。卫生局局长声称，尼古丁与可卡因和海洛因一样令人上瘾。其影响是显而易见的。放弃反社会吸烟，这已被证明有致癌风险，而改用可卡因或大麻，这不会致癌。目前毒品的销售远远超过汽油的销售，可能很快就会超过香烟的销售。

可**卡因的** "市场
"仍然相对未被开发。如果再有几百万人变成吸毒的僵尸，那么，**如果伯特兰-**
罗素今天还活着，他会怎么说。当诺列加被老乔治-
布什和他的7000名美国士兵的军队逮捕时，由于合作关系和**卡斯特**罗的古巴，苏联赢了。它能够将其影响扩大到整个拉丁美洲。这种贸易的第二个好处是它使可卡因和大麻的生产增加成为可能。美国感受到了这一影响，因为毒品变得更便宜，"新
"使用者可以获得更多数量的毒品，而这些人不一定会成为瘾君子，或者说是这样。在这一点上，毒品大亨们得到了为英国利益代言的《纽约时报》和《华盛顿邮报》的全面支持。这两家报纸近年来都发表了一些文章，赞成将大麻和可**卡因的使用合法化。**

参议院向巴拿马宣战，就像向南非宣战一样。美国人民的爱国主义被提到巴拿马军队是对运河安全的威胁而被激起。德-
康西尼是右翼的无用傀儡，他签署了放弃文件，并提出了"保留意见"，巴拿马不接受这些保留意见，为此他被宣传为明智和审慎的人，因为他要求补遗，而补遗过去和现在都不过是没收，这就像美国在巴拿马的运河被放弃。中美洲的局势已经成为对美国国家安全利益的威胁。一个菲律宾式的 "民主
"被强加给巴拿马。为了给《巴拿马运河条约》开绿灯，参议院宣布，诺列加将军必须辞职。如果他拒绝服从，他将被迫**离开**。这是1987年11月12日至16日访问巴拿马的六人参议院工作人员代表团的共识。

代表团没有提到贩毒者构成的可怕威胁以及他们与古巴的联系，更不用说美元泄漏到巴拿马的洗钱银行对我国经济的威胁。在民主的名义下，巴拿马的控制权被从诺列加手中夺走，交给了国际毒贩子，巴拿马被运河条约搞得天翻地覆。没有明**确提到如果** "动乱

"威胁到运河的安全，美国将派军队进入巴拿马的威胁，但这显然是隐含的。正是为了制造这种混乱，老牌麻烦制造者约翰-梅斯托被派往巴拿马。

约翰-梅斯托

谁是约翰-梅斯托？在   "转移"到巴拿马时，他是美国驻巴拿马大使馆的第二号人物。在此之前，他被派往韩国、菲律宾和海地，在街头制造动乱，领导反对当局的
"示威活动"。他在巴拿马的街道上非常活跃，令人遗憾的是，特工挑衅者Maisto被允许以其无耻的行为逃脱。参议院故意和恶意地助长了巴拿马局势的恶化，继续坚持认为
"独裁者
"诺列加在从事犯罪活动，他拒绝接受作为《巴拿马条约》基础的美国辩护权，危及整个条约。

在这种情况下，'防卫权'意味着将美国军队驻扎在梅斯托致力于挑起事端的地区，这是一种故意的挑衅，因为军方很清楚在内乱地区驻扎军队的内在危险性。如果他们从伊拉克学到了什么，军方应该知道，最好不要把美国军事人员置于一个无法维持的动荡局势之中。

另一个需要揭露的不实之词是关于诺列加将军接受利比亚援助的故事。这是一个旨在诋毁诺列加的捏造。我的消息来源花了三个月时间来调查这些指控，发现它们没有任何实质内容。

国务院在CNN的特德-特纳（Ted Turner）的**帮助下开展了一**场造谣运动，就像BBC对伊朗国王**开展的造**谣运动一样。但尽管如此，约翰-梅斯托的造谣运动和邪恶活动所预言的巴拿马的流血事件并没有发生。正如我们已经解释过的，帕雷德斯将军是可**卡因大亨、他**们的银行家和他们的政治支持者的喉舌，他在诋谤诺列加将军的高潮中加入了自己的声音，预言如果诺列加不立即下台，巴拿马将面临可怕的后果。里根总统

不知道谁是真正的
"坏人"，给诺列加一个1988年4月的下台期限。就好像巴拿马是美国的一部分一样！

诺列加不想遵守，所以最后期限被推到了5月中旬。据华盛顿的一个消息来源说，里根想在他与戈尔巴乔夫的
"首脑会议   "之前及时摆脱诺列加。诺曼-贝利加强了对解散巴拿马国民警卫队的要求，因为它对整个地区**构成了** "危险"。

贝利在华盛顿特区乔治-华盛顿大学的一个论坛上说，只有当巴拿马人民走上街头，遭到枪击并进行反击时，诺列加才会屈服。除非电视摄像机在现场记录此类事件，否则将是一种徒劳的努力。贝利说："在巴拿马什么都不会发生，如果人民不上街，你就不可能摆脱诺列加和人民保卫局的机构。这就是梅斯托在巴拿马的原因，他在那里运用了在韩国、菲律宾和海地获得的**关于黑手党的**经验。

梅斯托和贝利想要的是一场巴拿马式的   "沙佩维尔"--即国务院煽动的席卷南非沙佩维尔黑人乡镇并造成70名黑人暴徒死亡的暴乱--
摄像机在那里记录。从那时起，沙佩维尔一直是南非的一个诅咒。诺列加的最后一根稻草是迈阿密大陪审团的起诉书。总结一下在巴拿马已经发生的事情。

毒品势力及其银行家与华盛顿的政治机构联合起来，赶走诺列加将军，用一个由华盛顿管理的傀儡政权取代他。这一行动的原因是什么？首先，诺列加正在破坏巴拿马利润**丰厚的可卡因和大麻**贸易，其次，他拒绝与基辛格的安第斯计划合作，将中美洲变成美国军队的越南式战场。

这些被认为是将巴拿马置于围困之下的充分理由。结果是什么？诺列加将军拒绝继续撤退。然后人为地设置了一些情况，包括暴动的集会、经济困难和劳工动乱，目的是使巴拿马无法治理。然后美国军队进行了干预，表面上是为

了保护运河，但实际上是为了绑架诺列加并将其带到佛罗里**达州受**审。美国对巴拿马的外交政策就是这样进行的。我们是一个适合统治西方的国家吗？我让你们自己得出结论！

诺列加将军对巴拿马的麻烦有任何责任吗？他是否就是大陪审团和参议院声称的那个毒贩？为什么巴拿马突然得到如此多的**关注，甚至比我**们的运河被移交给 "反共"的奥马尔-托里霍斯将军时还要多？

当**你打**别人的钱包时，你可以确定它很痛。而这正是诺列加将军所犯的错误。他击中了毒枭们的钱包。他让肮脏的毒品洗钱银行损失了许多不义之财。它使银行家们声名狼藉。他打破了现状；他为巴拿马的银行法注入了活力。不仅如此，他还妨碍了亨利-基辛格的工作，破坏了以色列在中美洲的武器销售。他踩着有权势的人的脚。难怪诺列加将军被选为反派角色。卡特总统任期内产生了可卡因贸易的爆炸。在卡特进入白宫的六个月内，我们的货币状况就陷入了混乱。美联储没有预料到美元的抢购，发现很难满足佛罗里达银行的需求。货币体系处于混乱状态。在吉米-**卡特成**为总统的6个月后，佛罗里达州的银行报告了5140亿美元的**可卡因收入**。

哥伦比亚贩毒集团的卡洛斯-莱德赫在吉米-**卡特的白**宫毒品问题顾问彼得-伯恩博士那里找到了一位富有同情心的仁慈朋友。充满毒品的阿尔曼兄弟被欢迎进入白宫，尽管他们是 "可**卡因**"使用者。莱德尔培养了他的 "**卡特关系**"，当伯恩**开始向**他的朋友和同事开具成瘾药物的处方时，他无疑感到很高兴--这顺便让他逃脱了相应的制裁。

这些 "**繁荣**"状况为毒枭创造了一个绝好的机会，特别是在巴拿马。托里霍斯并不**关心**这些事件。控制运河区和建立一个可行的巴拿马经济是他最感兴趣的事情。如果可卡因和大麻是达到这一目的的手段，那就这样吧！"。他的态度是
"活到老，学到老"。

卡特政府支持国际货币基金组织要求拉丁美洲种植
"经济作物"（大麻和**可卡因**）**以履行其国**际债务义务。国际货币基金组织正式鼓励几个国家，包括牙买加和圭亚那，**种植与毒品有关的**经济作物。国际货币基金组织的立场是**众所周知的。世界**银行高级官员约翰-
霍尔德森曾说，古柯产业对生产者非常有利，并补充说："从他们的角度来看，他们根本找不到更好的产品。"国际货币基金组织哥伦比亚办事处相当公开地表示，就国际货币基金组织而言，大麻和可卡因只是为拉丁美洲国家的经济带来急需的外汇的另一种作物！"。世界银行和国际货币基金组织并不是唯一 "批准 "毒品贸易的人。

在前财政部主管保罗-
沃尔克的明确许可下，美联储和海洋银行被世界上主要的毒品银行--
香港上海银行收购，尽管他清楚地知道，收购的目的是让宏商银行在巴拿马利润丰厚的可卡因贸易中获得立足之地。事实上，鸿商集团对美联集团的收购是非常不规范的，近乎于犯罪。米德兰海洋银行之所以引人注目，有一个原因：它是巴拿马毒品银行的清算银行！"。

香港和上海银行接管它并不是偶然的!尼古拉-阿迪托-
巴莱塔是美联银行的董事会成员，索尔-
里诺维茨也是。有趣的是，这些名字一直在出现!显然，当与托里霍斯进行   "谈判
"时，利诺维茨并不认为这是一个利益冲突。

第一波士顿公司呢，它与瑞士信贷合作，将肮脏的毒品资金洗到**脖子上？第一波士**顿不是一般的银行。它的原主人是东部古老的自由主义者帕金斯家族，与瑞士的白盾帝国

有关。顺便说一下，帕金斯是J.P.摩根和其他各**种在美国经**营的英国公司的代理人。美利坚合众国为了摆脱一个小国的   "独裁者"而花费如此大的代价，应该说明一些问题。这应该让我们好奇地找出银行家、政客和新闻界的豺狼为摆脱诺列加将军所做的一致努力背后的原因。我希望通过我所提供的信息，**你**现在能够理解为什么巴拿马仍然被围困着!

从1986/87年第一次有迹象表明毒品银行家利用曼努埃尔-诺列加将军作为其工具的计划出了问题，洛克菲勒银行和华尔街就开始策划迫使他下台。然而，当所有的尝试都失败后，人们考虑采取更激进的措施。显然，到1988年，诺列加已经成为巴拿马毒品贸易的严重障碍。我们现在将研究洛克菲勒因其对巴拿马伊比利亚美洲银行的攻击而采取的非常规措施，以及随后产生的影响。

为什么G.H.W.布什总统不得不采取入侵巴拿马并绑架其国家元首的犯罪行动？对于这种真正的非法行动，人们提出了许多理由，我们将研究其中的一些理由。如果美国人民没有陷入永久的迷雾之中，美军入侵巴拿马就会引起巨大的反**响**。

诺列加是否在为中央情报局服务？在巴拿马负责的DEA特工阿尔弗雷多-邓肯（Alfredo Duncan）是否这样认为？如果是这样，这可能有助于解释他的奇怪行为。根据一位辞职的毒品管制局卧底探员的报告，他认为邓肯 "与中央情报局有着特殊的关系"。

据说巴拿马的万豪酒店周围也是这种情况，该酒店被贩毒者称为 "DEA酒店"。这名特工抱怨说，他从来没有让邓肯对计划中的巴拿马毒品行动 "做什**么**"，而这些行动需要他的帮助。当被命令逮捕一个叫伦贝托的人，一个在巴拿马从事毒品洗钱活动的头目时，邓肯显然什么都没做，当被问及他的疏忽时，他说伦贝托在他采取行动之前就被中央情报局带走了。

后来有人声称，伦贝托与诺列加有联系，但从来没有拿出证据来支持这一说法。1986年，诺列加关闭了第一美洲银行，因为它被证明是由卡利卡特尔拥有。

什么是卡利卡特尔？它可能是哥伦比亚最大的贩毒集团之一，据说与美国政府机构合作打击麦德林贩毒集团。*华盛顿邮报》*也承认了这一点。卡利的官方说客之一是迈克尔-阿贝尔，他曾在司法部工作了17年。1989年10月28日至29日，布什总统和他的盟友在哥斯达黎加举行了一次首脑会议，来自中美洲和南美洲的政治领导人出席了会议。在事后的新闻发布会上，布什总统告诉记者："那个暴君、独裁者（诺列加）的日子已经过去了。

这向新闻界发出了一个信号，诺列加的　　　　　　　　"紧急"案件现在已经通过与委内瑞拉和尼加拉瓜等国的联合协商得到解决，尽管布什官方试图与尼加拉瓜总统丹尼尔-奥尔特加保持距离。无论布什总统如何努力让人觉得对巴拿马领导人的判决是一致的，但事实上，陪审团的大多数成员，玻利维亚、危地马拉和多米尼加共和国甚至没有出现在'审判'现场，这一事实会激怒布什和他的首席执行官詹姆斯-贝克三世。卡洛斯-萨利纳斯-戈塔里总统应该在私刑案中发挥了关键作用。也许戈尔塔里决定谨慎是勇敢的更好表现，因为他险些避免了一次重大的毒品丑闻，在这次丑闻中，他的一名高级将领在一次毒品交易中被当时的司法部长埃德温-米斯的一个警告电话所救，免遭逮捕。委内瑞拉总统卡洛斯-安德烈亚斯-佩雷斯（Carlos　　　　　　　　Andreas Perez）虽然自己不是白衣骑士，但他的情报人员说，1989年10月3日将以　　　　　　　　　　　　　　　"联合部队"的名义对诺列加发动政变，但这次尝试失败了。试图向拉丁美洲国家施压，要求它们与巴拿马断绝外交关系的做法也是如此。布什总统告诉各国元首，他们最好支持他对抗诺列加的计划，否则......。但会议结束时没有达成最终协议。

这表明布什有多害怕诺列加，以及他的政府愿意为达到他的目的而屈服的程度有多低。布什会见了巴拿马的"反对派力量"，即所谓的巴拿马民主反对派公民联盟，该联盟由众所周知的与巴拿马和佛罗里达的银行有联系的**公众人物**组成，这些银行负责清洗毒品资金。其领导人吉列尔莫-**恩达拉在**电视上公开呼吁暗杀诺列加。

回到巴拿马后，恩达拉否认曾呼吁采取这种行动。诺列加随后反击了哥斯达黎加的阴谋家，让罗德里格斯总统向拉丁美洲各国总统发出一封公开信，信中有一份向联合国提出的将巴拿马作为多国反毒品部队总部的提议，这是布什总统没有强调的事实。

1989年10月3日给联合国的信呼吁通过一项国际条约建立这样一支部队，以保证它在巴拿马有充分的权力，但布什政府和联合国都没有作出回应。信中还责备委内瑞拉和其他"布什**伙伴**"要求在巴拿马实现"民主"，但却没有提到布什总统在没有有效或适当理由的情况下实施的非法和恶毒的抵制。在整个1989年10月和11月，驻巴拿马的美军对巴拿马国防军进行了骚扰，希望制造一个事件来证明美国的军事干预是合理的，但人民保卫部队什么也没做。后来显示（1989年5月），布什政府改变了美国军队在巴拿马的交战规则。

现在，军队被命令尽一切可能寻求与人民保卫部队的对抗。五角大楼正秘密准备通过派遣车队通过巴拿马城郊区来挑衅诺列加的士兵，这与与巴拿马的条约相抵触。其基本前提是诺列加会生气，并命令人民保卫部队与美国车队对抗，这将为一场重大冲突奠定基础。

美国的干预

1989年7月8日，美国驻巴拿马南方军队司令西斯内罗斯将军将美洲国家组织（OAS）试图通过谈判解决危机的努力

抛在一边。西斯内罗斯将军指出，美洲国家组织

> "......不会采取足够坚定的行动来赶走诺列加。就我而言，我认为现在是对巴拿马进行军事干预的时候了。"

美国军队什么时候开始决定政治问题了？这一行动在某种程度上是对布什对伊拉克的想法的一种考验。1989年12月20日，在所有其他方法都未能赶走风头正劲的诺列加之后，布什为针对巴拿马人民的暴力侵略行为开了绿灯，导致7000名巴拿马人死亡，整个乔里洛地区被美国军队和飞机持续轰炸而毁坏。由美国军队实施的这一行动是对一个和平国家的公**开侵略行为**，公然违反了美国宪法和美国签署的海牙公约和日内瓦公约。

让我们研究一下，为什么布什总统在没有首先获得国会宣战的情况下，就对巴拿马这个小国开战，并像一个亡命之徒一样，下令绑架国家元首的真正原因？为什么布什总统要采取这种不择手段的方式来摆脱诺列加？为什么布什要采取这种流氓手段？根据一些报道，其中一个主要原因是警告拉丁美洲国家，从现在开始，如果他们不屈服于华盛顿的意志，他们也将受到美国军事行动的威胁。

没有理由相信，围绕美国对巴拿马和诺列加的非法军事行动所进行的大规模宣传活动，甚至部分是成功的，总统想让世界相信这将结束巴拿马的毒品贸易，他曾指责诺列加领导了这一行动。美国宪法和国际法中没有无端攻击巴拿马的先例。

布什总统提供了什么实质性证据来支持他的指控？没有提供任何一项证据。我们只是应该接受总统的说法。当时入侵的目标是什么？第一个目标是摧毁巴拿马的国防部队，这是唯一能够维持国家法律和秩序的力量。实现了这一目标，下一步就是通过最不民主的手段，建立一个由与毒品洗钱银行关系最密切的人和已知的布什家族的长期支持者组成的傀儡政权。

摧毁人民保卫部队还有另一个次要目的，这涉及巴拿马运

河条约，根据该条约，美国和巴拿马将共同保卫运河。这一承诺将于1999年取消，届时，人民保卫部队将强大到足以承担维持运河治安的全部责任，美国军队将被迫离开该国。条约的一个关键条款规定，如果巴拿马未能履行其提供这种安全部队的义务，"美国将保持军事存在"。这一条款在由起草条约的Sol   Linowitz插入时被认为是一个   "好"条款。它的存在是为了防止任何未来的巴拿马领导人"越轨"，尽管没有设想到奥马尔-托里霍斯会出现问题。

当托里霍斯**开始**违背他与大卫-洛克菲勒**达成的保**护毒品洗钱银行的个人协议时，在那个阶段不可能摧毁人民民主党，尽管有许多人试图发动叛乱以分裂该机构，但都失败了。因此，托里霍斯被以中央情报局的方式   "清算   "了。在艾伦-杜勒斯担任中情局局长后，"清算"成为中情局的语言。在那之前，任何美国情报机构都没有使用过这个词。这是一个严格意义上的斯大林主义词汇。

为什么在巴拿马长期保留美军是可取的？海湾战争的到来和美军对伊拉克的第二次入侵提供了关键。美国想在巴拿马驻扎一支快速部署部队，用来对付顽固的拉丁美洲和加勒比国家，就像将在伊拉克长期驻扎一支快速部署部队来对付那些可能希望自己从未与美国成为朋友的穆斯林国家一样。

这就是五角大楼规划人员确立的所谓"半球投射理论"。我们将在世界许多地方看到类似的永久性基地，包括巴基斯坦、韩国、索马里、伊朗和阿富汗，因为美国软化了其作为   "大棒"的执行者的角色，而成为我们所熟知的全球执行者，即世界新秩序。然而，到目前为止，参议院中没有一个人对此提出抗议的声音。我可以毫不谦虚地补充说，这些事件在我的书《*一个世界秩序，社会主义独裁*》中已经预言了。[4]

巴拿马已经成为美国对拉丁美洲国家采取行动的重要基地，这些国家在未来的某个时候可能会反抗收取贡品的国际货币基金组织，因为他们看到自己的人民和国家正在消失在国际货币兑换商制造的泥潭中。很明显，如果任何国家试图推翻国际货币基金组织，国际货币基金组织的

"国际警察部队"--

美利坚合众国将需要立即采取行动。因此，克莱顿堡的基地有了新的重要性。拉丁美洲被美国在巴拿马的无情的军事行动所吓倒，感到害怕。坦率地说，这些国家的领导人并没有预料到，当它到来时，它的凶猛让他们感到害怕，这正是它应该做的。

显然，大多数拉丁美洲领导人认为骷髅会是某种仁慈的组织，"像**圣母院一**样"，将创造

"一个更仁慈、更温和的美国"，一位官员如是说。

他们不知道英国王室参与了美国的活动，也不知道它与毒品贸易的长期联系。为了支持这一信息，以武力和不民主的方式建立的恩**达拉提出**，2000年后，巴拿马的所有基地都应提供给美国军队使用。

布什入侵巴拿马的第二个目标是建立一个由选定的傀儡组成的新政府，这些傀儡有与银行长期结盟的历史，其主要业务是为一些最重要的可卡因集团洗毒品钱。在这一点上，布什的任务是保护洛克菲勒银行在巴拿马的利益，诺列加将军已经开始开膛破肚并威胁要拆毁这些银行。事实上，布什的这一目标已经实现。

入侵巴拿马的第三个目的是让美国人民相信，这是总统对毒品战争的一次重大升级，那是一个神话般的、不存在的

---

[4] *社会主义世界秩序的专政*》，Omnia Veritas Ltd, www.omnia-veritas.com。

行动，永远不会有结果。通过入侵巴拿马，布什知道他的
"反毒品战争
"将得到很大的推动，特别是在国会山，那里的立法者对缺
乏进展感到不安，并不断受到毒品合法化的压力。下一阶
段将是发动一场
"反恐战争"，其范围将是全球性的，而且是无限期的。

1990年2月，非常奇怪的事情**开始**发生。一向坚定支持布什
及其专制政权的美国媒体，开始发出不寻常的声音。以《
纽约时报》2月7日的报道为例。即使考虑到该报是一个由
美国官员掌舵的英国情报前哨，该报公布真相也是不合理
的。

提到以前的文章，值得注意的是，《*纽约时报*》（NYT）
点名批评的人正是我与清洗毒品资金的腐败银行走得太近
。在　　　　　 "巴拿马抵制美国的压力以改变不完善的银行法
"的标题下，文章说。

> 对巴拿马银行记录和法庭文件的仔细研究表明，许多高级
> 政府官员（由美国设立）虽然从未被指控洗钱，但与腐败
> 的银行有密切联系。这些银行中有几家因洗钱而被起诉，
> 或因美国的压力而被关闭。

这篇文章没有说这是诺列加的行动，他关闭了这些银行，
美国没有支持诺列加。当我看着所有的事实时，拼图的碎
片**开始落到了地上。当然**，《*纽约时报*》试图表明是美国
唆使**关**闭银行的，而事实根本不是这样，此外，通过指责
据称来自华盛顿的对变革的
"抵抗"，可以让人觉得美国真的在对毒品发动战争，但新
政府并不合作，读者必须同意这是一个相当聪明的伎俩。

文章继续说。

> *总统吉列尔莫-*
> **恩达拉多年来一直是哥**伦比亚麦德林集团广泛使用的一家
> *巴拿马银行的主管。*

对我来说，能从这样一个意想不到的来源确认多年前我在

关于巴拿马的专著中提供的信息，是一件令人欣慰的事。巴拿马国际银行（Banco Interoceanico de Panama）是被联邦调查局列为毒品洗钱者的二十多家巴拿马银行之一，是《纽约时报》提到的银行。他接着说。

> *恩达拉先生在成为总统之前是一名商业律师，他是巴拿马商人卡洛斯-埃莱塔（Carlos Eleta）的密友，后者于1989年4月在亚特兰大被捕，罪名是阴谋建立一个大型可卡因走私集团。他被保释出来，现在正在等待审判。*

当然，《纽约时报》没有一路走来，但它没有说的东西可以在这里找到，即不仅是恩达拉在洗钱的银行业务中高枕无忧，而且他的朋友也深受布什政府的青睐。

布什政府的"巴拿马内阁"的其他著名成员包括：。

罗赫利奥-克鲁斯

克鲁斯是巴拿马的总检察长。他曾是第一美洲开发银行的董事。这家银行的所有者是吉尔伯托-罗德里格斯-奥雷胡拉（Gilberto Rodriguez Orejuela），他是哥伦比亚卡利贩毒集团的高层人物，我已经提到过。

Guillermo Billy Ford

他是第二副总统和银行委员会主席。他还碰巧是达德兰银行的部分所有者，该银行在我的专著中被特别指出是一家毒品洗钱银行。该银行也是麦德林卡特尔的主要洗钱者冈萨罗-莫雷斯的毒品资金清算所。

Ricardo Calderon

卡尔德隆是巴拿马的第一副总统，记录显示他的家族大量参与了可疑的银行业务。

Mario Galindo

加林多和他的家人与卡尔德隆一样，参与了涉嫌清洗毒品资金的银行，包括Istmos银行，其总裁塞缪尔-莱斯-加林多与马里奥-加林多有**关系**。

所有这些因素对于在达德兰银行工作的伊万-罗伯斯和向美国走私数吨大麻的安东尼奥-费尔南德斯来说都是众所周知的。1976年，费尔南德斯网络开始购买由福特、艾森曼和罗德里格斯共同拥有的达德兰银行的股份。布什总统热烈欢迎罗德里格斯担任恩达拉的   "猪肉"驻美特使。通过让这些人在巴拿马政府中担任重要职务，布什政府似乎实现了其第二个目标，即为巴拿马的毒品贸易提供便利，而不是让其更加困难，正如我前面所说，这是入侵巴拿马的第二个目标。

在呼吁废除巴拿马的保密法之后，福特在为自己的立场辩护时说，没有必要改变法律："保密不会被用于非法目的"。其他人，如主计长，说巴拿马不会改变任何法律。

> "我们不应该因为毒品而改变我们的整个法律体系。我们不能因为一件事而改变我们的整个法律体系，即毒品。

鲁本-迪亚洛-**卡洛斯**说。没有人敢提及这正是诺列加的所作所为，也是他不得不被强行带走的主要原因。

1989年12月31日，巴西最大的报纸《巴西日报》（*Jornal do Brasil*）在头版发表了一篇题为   "与毒贩的危险关系"的文章，其中提到了布什政府在巴拿马的一些   "核心圈子"成员的名字。这些人在迈阿密对诺列加的审判中，在判决前说。

> "……如果诺列加将军在迈阿密被宣告无罪，他将被指控谋杀"。

我翻译了这篇文章，基本上说吉列尔莫-恩**达拉将特**别容易受到伤害，因为他与卡洛斯-埃莱塔有联系，"被指控在美国清洗600公斤可**卡因和洗毒**品钱"。文章还提到副总统卡尔德隆的弟弟海梅-

卡尔德隆（Jaime
Calderon）的名字，他与第一美洲银行有联系，该银行由吉
尔伯托-奥雷朱拉（Gilberto
Orejula）拥有，他在1985年被指控将4600万美元的毒品销
售收入转移到Banco
Cafetero巴拿马在纽约的分行。根据这篇文章，比利-
福特与驻华盛顿大使卡洛斯-罗德里格斯和鲍比-
艾森曼一起参与了通过佛罗里达州的达德兰国家银行对毒
品资金进行洗钱。

在一个小标题中，吉列尔莫-恩**达拉被描述**为
"美国人游戏中的一个可怜的小人物"。文章说："Endara被
称为Pan
Dulce（甜面包），又肥又软"。文章接着说，恩达拉是白
人寡头的贫困家庭之一，自1904年起就出现在现场。

> 恩**达拉在巴拿**马城作为一名默默无闻的律师，在伽利略-
> 索利斯的办公室开始了他的政治生活，索利斯是阿努尔福-
> 阿里亚斯政府的一名外交部长。恩达拉从来没有自己的想
> 法，他像小狗一样忠诚，重复阿里亚斯的话，这可能是布
> 什选择他做 "yes man "的原因。

这些人是布什想要的掌管巴拿马的人吗？显然如此，然而
，虽然有很多理由将矛头指向巴拿马的
"布什政府"，但在法庭上却没有提出任何证据来指控曼努
埃尔-
诺列加。美国大陪审团不是早就应该调查这个案子了吗？
这也是诺列加被单独监禁这么久的原因之一吗？司法部是
否害怕诺列加在证人席上会说什么？

巴拿马的事态发展表明，布什的反毒品战争是多么的虚假
。没有多少人不相信这一点，当然这也是支持毒品合法化
的人对自己最大的优势。他们的态度是："看，即使美国的
巨大资源也不足以阻止毒品交易。为什么要试图对抗不可
避免的事情？为什么不制定法律，将控制权集中起来，将
毒品从犯罪分子手中夺走？"有的人游说国会，威胁说如果

不尽快完成，就会发生内战。夜间新闻中不断投射出据称主要针对美国主要城市的穷人的
"警察暴行"，正在产生预期效果。人们不应想象这些报告是
"新闻"。这一时期，主要新闻网络的目标和目的是让穷人明白，他们是警察暴力的受害者，而
"大人物"，通常是白人，却逍遥法外。黑人领袖要求解除对黑人的 "压力"，或将毒品合法化。

对巴拿马的入侵给了毒品游说集团一个基础。"如果它没有阻止毒品的流动，警察该如何应对？"他们问。支持毒品的领导人之一安德鲁-威尔（Andrew
Weill）在毒品政策基金会的会议上说，由于警察在缉毒行动中对城市黑人的暴行，一场内战随时可能爆发。美国公民自由联盟的执行董事艾拉-
格拉瑟告诉听众，毒品合法化已经成为一个右翼问题，得到了乔治-舒尔茨、威廉-巴克利和米尔顿-
弗里德曼等知名人士的支持。格拉瑟敦促国家
"克服消**极因素，开始**说服警察、立法者和公众"，相信毒品合法化的想法。

毒品政策基金会副总裁兼总顾问凯文-泽斯说。

> 打击毒品的战争比毒品的危害更大。这几乎是平衡归结为什**么**。对我们的社会来说，反毒品战争比毒品更危险吗？我们能否以一种对我们的社会成本较低的方式来处理毒品问题--不仅在经济方面，而且在人的方面？

齐斯接着说，海洛因是对痛苦的一种逃避，这虽然不是党派，但他可以理解。现在，被绑架的诺列加将军正在迈阿密的联邦监狱里受煎熬，布什的司法部打算如何处置他？

让我感到困惑的是，这个国家和世界各地的公民自由组织对美国政府对他犯下的罪行保持着震耳欲聋的沉默。人们可以想象，绑架国家元首会引起这些自由监督者的抗议声。然而，这类事情并没有发生。想象一下，如果纳尔逊-

曼德拉从南非被绑架并被带到例如意大利受审，会发生什么。**在曼德拉被**释放之前，会有无尽的喧嚣和骚动。诺列加的绑架和非法监禁凸显了这样一个事实：我们在这个国家有一个令人遗憾的双重标准，显然美国人民并不觉得这有多糟糕，还是因为他们已经被媒体洗脑了？

为什么对诺列加将军的审判被推迟了这么久？毕竟，所有可能侵犯他权利的行为都已经发生了，比如监视他与律师的电话交谈，冻结他的资金，使他不得不接受法庭指定的律师。此外，由于美国对巴拿马实行全面和不受约束的控制，人们可以想象，司法部拥有成功起诉他的必要文件证据。为什么会有这么长时间的不体面的拖延？拖延的正义不是被拒绝的正义吗？

1990年11月16日，诺列加向威廉-霍夫勒法官发表了一个值得重复的声明，因为它表明在诺列加案中正义是如何被剥夺的。

> "我现在被一个完全不公平和不公正的系统所摆布，它选择了我的检察官，现在又选择了我的辩护律师。当我被带到美国时，我错误地认为我将得到公平的审判。为了实现这一目标，我也相信我可以用我的钱来雇用我所选择的律师。令人痛苦的是，美国政府不希望我能够为自己辩护，并尽一切可能剥夺我的公平审判和正当程序。
>
> 他们拿走了我的钱，剥夺了我的律师，在牢房里拍摄我，窃听我与律师的电话交谈，甚至把它们交给恩达拉政府和媒体。美国政府无视我的战俘身份，违反了日内瓦公约。
>
> **更糟糕的是，**他们没有以人道主义的方式行事。尽管国际红十字会一再要求，他们还是侵犯了我的人权，拒绝给我的妻子和孩子发放探望丈夫和父亲的签证，这是对国际法的可耻违反。
>
> 我不能为自己辩护显然符合美国政府的利益，因为我知道他们害怕什么。这不是一个毒品案件。我意识到，此案对美国政府的最高层，包括白宫都有影响。
>
> 我从来没有幻想过这个案子会是一场公平的战斗，但我也

> 从来没有想到，一个由检察官和调查员组成的虚拟军队会在这样一个不平衡的战场上，而且只允许那些没有任何报酬的律师，只允许他们带枪，而检察官办公室有核武器。他们称这是一场公平的战斗；未来的战斗与美国入侵我国时的战斗非常相似。那是单方面的，不公平的，这场战斗也是如此。"

诺列加发现自己所处的情况就是每一个美国人有一天可能面临的腐败和残暴的政府的情况。诺列加的困境使国庆节受到嘲弄。这是对美国宪法的嘲弄。同时，没有听到一个为诺列加辩护的声音，对我来说，这是一个可耻的情况下最可耻的事情之一。这不是一个可以忽视的情况，因为发生在诺列加身上的事情是每个美国人的责任。媒体在很大程度上忽视的是，美国入侵巴拿马并绑架诺列加将军，不仅违反了美国宪法，而且还违反了它所签署的美洲国家组织（OAS）宪章，包括第18、15、20和51条。

第18条规定。

> 任何国家或国家集团都无权以任何理由直接或间接干预另一国的内部或外部事务。

第20条规定：

> 一个国家的领土是不可侵犯的；它不得受到另一个国家的军事占领或其他武力措施的影响，即使是暂时的。

我在前面提到，布什在入侵巴拿马之前并没有从国会获得宣战。相反，布什选择绕过宪法，通知国会他正在援引《国家紧急状态法》，因为由以下原因造成的国家紧急状态。

> "巴拿马共和国对美国的国家安全和外交政策构成了不寻常和特殊的威胁"。

这部所谓的法律完全是一场闹剧，是 "tabula raza"，是一张毫无价值的纸，完全是为了颠覆美国宪法。

总统在1989年12月20日说，他对美国公众撒了谎。

> "上周五，诺列加将军宣布他的军事独裁政权与美国处于战
> 争状态。"

事实上，没有任何证据可以支持这样一个荒谬的指控。

简而言之，这是一个公然的谎言。尽管总统做了或说了一
切，但他没能获得对巴拿马的宣战，他将重复这种宣战，
让该国与伊拉克开战，而这可能会看到美国宪法死亡的开
始。

总统的另一个谎言是他在12月20日声称

> "诺列加将军不顾一切地威胁和攻击在巴拿马的美国人，给
> 在巴拿马的35,000名美国公民造成了紧迫的危险"。

事实是，只有一次对美国军事人员的袭击，是西斯内罗斯
将军下令的蓄意对抗计划造成的。这场单一的悲剧发生在
三名美国海军陆战队员开车通过三个不同的PDF检查站。
在第四次被拦下后，人民保卫部队和没有穿制服的海军陆
战队员之间发生了争执。

海军陆战队员随后逃离，在被反复告知停止后，他们开了
枪，其中一次被证明是致命的。布什总统应该为这个士兵
的死亡负责。仅仅根据这一悲剧，布什就提出了诺列加将
军向美国宣战并   "威胁到巴拿马运河条约的完整性
"的荒谬说法。切尼部长告诉美国公众的是，布什政府早在
1989年3月就已准备好入侵计划。

国务卿切尼本人在12月20日表示，他倾向于证实这一点。

> "命令是在周日**晚些**时候下达的，以执行已经制定了一段时
> 间的计划。这是我去年春天成为国防部长时首先被告知的
> 事情之一。"

切尼是一个不折不扣的麻烦制造者，一个欺骗的高手，美
国注定会因为这个人的两面性而失去很多财富和儿子。他
应该被禁止在未来担任任何公职。政府的另一个谎言是马
林-
菲茨沃特1989年12月20日代表总统发表的声明。菲茨沃特

告诉全国人民，"巴拿马运河条约的完整性正处于危险之中"。同一天，詹姆斯-
贝克三世告诉媒体，美国入侵的目的之一是
"捍卫美国在巴拿马运河条约第四条下的权利的完整性"。
但是，当被要求列举诺列加对条约的完整性作出了哪些确切的威胁时，贝克却无法给出任何威胁。他的回答是。

> "嗯，这是非常推测的，除了--
> 我是说，让我恭敬地说，我们已经说过，我们预见到，如果诺列加继续非法保留权力，在运河方面可能会出现问题。就过去两三年对我们权利完整性的挑战而言，我只想提到--过去一年--
> 也许我应该回去，但是，过去一年，我想告诉你们，我们在那里看到的对行使条约权利的美国人的持续骚扰模式。"

这个笨拙的、跌跌撞撞的、匆忙编造的
"证据"，即诺列加威胁了美国运河的权利，是贝克能拿出的最好证据。他原来是一个多么可怜的骗子。然而，根据布什总统、切尼国务卿和贝克国务卿提出的完全未经证实和未经支持的证据，这个国家对一个与它有条约的主权国家进行了严重的非法入侵，并违反了国际和宪法法律。

通过绑架诺列加将军，我们的政府已经降到了巴巴里海岸海盗的水平，这样做是对美国宪法和国际法的践踏。无论我们喜欢与否，无论这些话是否显得刺耳和神圣，事实就是事实，无法否认。作为一个国家，我们都要和布什总统一起对其政府的违法行为承担同样的责任，因为我们袖手旁观，任其发生，甚至连抗议的声音都没有发出。

布什总统在直播中告诉美国人，他下令入侵巴拿马的原因之一是 "为了捍卫民主"。

尽管我们都没有意识到，这将是与伊拉克开战的借口之一。必须在伊拉克拯救民主，尽管这个独裁政权以前从未出现过任何民主的迹象。顺便说一下，美国不是一个民主国家，而是一个共和国。我们也不是世界的警察。

自从我们对伊拉克进行种族灭绝式的战争后，我们就不再是一个法制国家了!在巴拿马，民主是活生生的。尽管两年来，美国公然违反其签署的美洲国家组织条约，对巴拿马的内部事务进行了粗暴的、经常是粗暴的、公然的干涉，尽管1989年5月至少有**两次**试图暗杀诺列加将军的犯罪行为，但还是举行了全国选举。

布什总统的反应是什么？在媒体豺狼的大力支持下，布什政府花了1100多万美元支持恩**达拉**、比利-福特和**卡**尔德隆等毒品泛滥的反对派平台。

根据他在菲律宾选举中的经验，美国政府的所有部门，包括我们的情报部门，都参与其中，布什下令对巴拿马人民部署
"马科斯方案"。由布什资助的恩达拉团伙发动了一波骚乱，偷走了投票箱，使选票无法计算，同时高声喊出选票被"篡改"。这是菲律宾选举的一个阴森的重演，由妓女支付的　　　　　　　　　　　　　　　　　　　"国际观察员"和通常的媒体豺狼团，都在叫嚣着支持这些谎言，并预示着美国本身将出现的不祥之兆。

在布什制造的混乱中，由于无法计算选票，巴拿马政府做了任何其他政府都会做的事情，它取消了选举。鉴于布什政府进行的大规模和普遍的破坏行动，它不可能不这样做。至少，这就是布什希望发生的情况。即使在那时，巴拿马政府也急于向世界证明，它正在努力做正确的事情。它为受毒品污染的反对派团伙恩达拉提供了参与联合政府的机会。

在华盛顿的建议下，这个慷慨的提议被　　"贫穷的白人农民"恩**达拉拒**绝。正如我们在伊拉克　　　　　　　　　　"谈判"中看到的那样，布什决心摧毁人民保卫部队，绑架诺列加并占领巴拿马，任何有正义感的人提供的善意都无法阻止他实现其目标。事实上，在布什政府的领导下，美国已经成为世界上最邪恶的国家，一个名副其实的专制暴政。

在其职业生涯中最令人惊讶和无耻的行为之一，布什总统宣布参与贩毒的恩达拉帮为
"巴拿马的官方政府"。这些人，如此大量地参与毒品洗钱的银行，在一个美国军事基地上进行了
"宣誓"。如果说有什么丛林法则，这就是了。然后45分钟后，美国入侵了主权国家巴拿马，这是本世纪最明目张胆的侵略行为之一。如果这是民主的行动，那么上帝会帮助美国，因为在巴拿马发生的事情肯定会在国内乃至世界各地重演，因为共和党会成为建立帝国的政党。

我们通过选择保持沉默，让邪恶取得了胜利。我们一直对其他国家在美国手中的痛苦无动于衷，所以当轮到我们时，我们只能责备自己。我们缺乏抗议，甚至赞同在巴拿马和伊拉克行动的丛林法则，这使我们应该受到全能的上帝的惩罚，由于我们对邪恶行为的容忍，这种惩罚肯定会降临到这个国家。在我旅行的每一个地方，我都会看到海报和广告牌："上帝保佑美国"，我不得不问自己，为什么上帝会保佑美国，因为有那么多的邪恶是以他的名义进行的？

布什总统提出的入侵巴拿马的另一个借口是，我们要去巴拿马
"打击毒品贸易"。这就是布什在1989年12月20日准备向巴拿马和美国人民发表 "**圣**诞讲话
"时大言不惭地说。对毒品管制局档案的审查很快就会发现，毒品管制局前局长约翰-劳恩（John
Lawn）经常以溢美之词提到他从诺列加将军、人民保卫部队和巴拿马政府那里得到的充分合作。在诺列加将军的任期内，毒品问题已经大大减少了。

1989年5月27日，约翰-
劳恩写信给诺列加，祝贺他在成功查封毒品贩子的银行账户方面得到了宝贵的帮助，劳恩称这是
"联邦警察历史上最成功的一次秘密行动"。

罗恩说。

> "美国缉毒署和巴拿马共和国的执法当局再次联手对毒贩进行了有效打击......。"

你对POISSON行动的个人承诺，以及巴拿马共和国其他官员的称职和不懈的专业努力，对这次调查的成功结果至关重要。

世界各地的毒品贩子现在知道，他们的非法活动的收益和利润在巴拿马是不受欢迎的。

难怪英国的老爷和夫人以及华尔街银行的细条纹衣服的居民们开始担心。难怪洛克菲勒命令布什尽快除掉诺列加和巴拿马政府。诺列加在打击毒品的战争中真的很认真、很有诚意!虽然他声称诺列加是一个毒贩，但布什总统从未提供任何证据来支持他的说法。

事实上，在国家麻醉品边境拦截系统（NNBIS）下领导佛罗里达州工作队的亚当-墨菲**明确指出**

> "在我在NNBIS和南佛罗里达州工作队的整个任期内，我从未看到任何情报表明诺列加将军参与了毒品贩运。事实上，我们一直把巴拿马作为与美国在禁毒战争中合作的典范。请记住，在这个国家，大陪审团的起诉书并不是定罪。如果诺列加案件进入审判阶段，我将审查证据和陪审团的调查结果，但在这之前，我没有关于将军参与的直接证据。我的经验正好相反。"

然而，尽管约翰-
劳恩在1987年5月27日的信中对诺列加将军和巴拿马政府提出了很好的建议，但不到一个月后，布什就发动了一场针对巴拿马合法政府的叛乱。卡洛斯-
埃莱塔和他的商业伙伴，包括农民恩达拉，立即得到了驻巴拿马美军的支持。我们在伊朗看到了同样的操作手法，在美国将军豪斯的调查中，摩萨台总理被卑鄙地撤职。

这种令人厌恶的违反美洲国家组织条约的行为，在这个国家没有任何人提出抗议。电视布道家帕特-罗伯逊（Pat

Robertson）和他所有热爱自由的伙伴们在美国政府被证实的无法无天的情况下一直保持**沉默**。**因此，当政府将其无法无天的政策转向内部，并将其用于公民身上时，我们应该得到我们要得到的东西**。正是诺列加的巴拿马政府在将毒品黑手党从巴拿马连根拔起方面所取得的成功，是在其**愚蠢**地认为美国实际上正在进行一场禁毒战争的基础上进行的，并且是出于履行美洲国家组织条约规定的对美国的义务的真诚愿望，才导致巴拿马政府和诺列加将军的垮台。允许布什总统藐视美国宪法，也将是我们所知的美国的末日。

诺列加和他的政府所犯的   "罪行"是，他们把自己的工作做得太好，并在这样做的过程中严重践踏了多普国际有限公司和坐在其董事会中的老爷、女士和先生的脚。让这成为世界上所有相信布什政府真的在进行反毒品战争的人的一个教训。这是一场虚假的战争，仅此而已，正如几位缉毒署的外勤人员所言，其中一位曾与玻利维亚巨大的可卡因集团   "公司"及其墨西哥**伙伴交手**。**他们**发现，如果你与毒品贸易的高层人物走得太近，更有可能被
"退休而不是被赞扬"，或者在暴君手中受苦，由傀儡法庭**解决你的命运**。

2009年巴拿马的情况是，毒品的流动比以往任何时候都更加自由；而毒品洗钱银行的运作也更加自由。这个国家的经济一塌糊涂，正在等待美国人注入数以百万计的美元，但这一切其实都不重要。重要的是，"民主"在这个国家取得了胜利。让这成为所有拉丁美洲国家的一个教训吧!让它成为每个国家的一个教训，如果这种情况继续下去，世界上没有一个国家会是安全的。当你成为美国的朋友时，你可能会失去你的国家。

第五章

巴基斯坦在反毒品战争中的作用

穆斯林联盟在穆罕默德-阿里-真纳和利亚卡特-阿里-汗的领导下组建了巴基斯坦的第一届政府。

随着其他政党的崛起，特别是西巴基斯坦的巴基斯坦人民党（PPP）和东巴基斯坦的人民联盟（Awami League）的崛起，穆斯林联盟在巴基斯坦政治中的领导地位大大降低，这导致了孟加拉国的成立。巴基斯坦的第一部宪法于1956年通过，但在1958年被阿尤布-汗中止。Zia-ul-Haq于1977年暂停执行的1973年宪法于1991年恢复执行，是该国最重要的文件，为政府奠定了基础。

巴基斯坦是一个联邦民主共和国，其国教是伊斯兰教。半总统制包括一个两院制立法机构，由100名参议员和342名国民议会组成。

总统是国家元首和武装部队的总司令。他是由选举团选出来的。

总理通常是国民议会中最大政党的领导人。每个省都有类似的政府系统，有一个直接选举产生的省议会，其中最大的政党或联盟的领导人成为首席部长。省长由总统任命。

在整个巴基斯坦历史上，巴基斯坦军方在主流政治中发挥了有影**响力的作用**，**从**1958年到1971年，从1977年到1988年，以及从1999年以来，都有军事总统执政。由佐勒菲卡尔-阿里-

布托领导的左翼人民党在20世纪70年代成为一个主要的政治角色。在穆罕默德-齐亚-哈克的军事政权下，巴基斯坦开始从英国时代的世俗政策明显转向采用伊斯兰教法和其他基于伊斯兰教的法律。

20世纪80年代，信德省特别是卡拉奇的非正统和受过教育的城市人发起了反封建和亲穆罕默德运动（Muttahida Qaumi Movement，MQM）。1990年代的特点是由人民党和复兴的穆斯林联盟主导的联合政治。

在2002年10月的大选中，巴基斯坦穆斯林联盟（PML-Q）赢得了国民议会的多数席位，第二大集团是巴基斯坦人民党（PPPP）的议员，这是人民党的一个子党。穆盟-奎派的扎法鲁拉-汗-贾马利成为总理，但他于2004年6月26日辞职，由穆盟-奎派领导人乔德里-舒贾特-侯赛因取代，担任看守总理。2004年8月28日，国民议会以191票对151票，选举财政部长、前花旗银行副行长肖卡特-阿齐兹为总理。伊斯兰宗教政党联盟Muttahida Majlis-e-Amal在西北边境省的选举中获胜，并增加了其在国民议会中的代表权。

巴基斯坦是联合国（UN）和伊斯兰会议组织（OIC）的积极成员，后者被巴基斯坦用作开明温和的论坛，这是一项促进穆斯林世界复兴和启蒙的计划。巴基斯坦也是主要区域组织南亚区域合作联盟（SAARC）和经济合作组织（ECO）的成员。过去，巴基斯坦与美国的关系好坏参半，特别是在20世纪50年代初，巴基斯坦是"美国在亚洲的最大盟友"，是中央条约组织（CENTO）和东南亚条约组织（SEATO）成员。

在20世纪80年代的苏联-阿富汗战争期间，巴基斯坦是美国的一个重要盟友，但在20世纪90年代，美国因怀疑巴基斯坦的核活动而实施制裁，双方关系恶化。9.11袭击事件和随后的反恐战争导致美巴关系的改善，特别是在巴基斯坦结束对喀布尔的塔利班政权的支持之后。这反映在美国军事援助的急剧增加上，在9/11袭击后的三年里，巴基斯坦得到的军事援助比前三年多了40亿美元。

巴基斯坦与邻国印度的关系长期以来一直很困难。对克什米尔的争议导致了1947年和1965年的全面战争。1971年的内战升级为孟加拉国独立战争和1971年的印巴战争。巴基斯坦于1998年进行了核武器试验，以制衡印度分别于1974年和1998年进行的名为 "笑面佛" 和 "波克兰-II"的核爆炸试验，并成为唯一拥有核武器的穆斯林国家。在2002年的和平倡议之后，与印度的关系稳步改善。巴基斯坦与中华人民共和国有着密切的经济、军事和政治关系。

巴基斯坦在联邦直辖部落地区也面临着不稳定，那里的一些部落领导人支持塔利班。巴基斯坦不得不在这些地区部署军队，以平息瓦济里斯坦的地方动乱。瓦济里斯坦冲突以最近宣布的部落领导人和巴基斯坦政府之间的和平协议而结束，该协议应该为该地区带来稳定。此外，该国的俾路支省长期以来一直面临不稳定，该省面积最大但人口最少。

1973年至1976年，军队被部署到该省打击严重的叛乱活动。在拉希姆丁-汗（Rahimuddin Khan）从1977年被任命为戒严行政长官后，社会恢复了稳定。经过20世纪80年代和90年代的相对和平，1999年佩尔韦兹-穆沙拉夫上台后，一些有影**响力的俾路支部落**领导人恢复了分**离主**义运动。在2006年8月的一次事件中，俾路支叛乱的领导人纳瓦布-阿克巴-布格蒂被巴基斯坦军队打死。2007年11月3日，穆沙拉夫总统宣布巴基斯坦全国进入紧急状态，并声称要中止宪法，实行戒严令。

据报道，在伊斯兰堡，军队进入最高法院并包围了法官的

住所。贝娜齐尔-布托和伊姆兰-
汗等反对派领导人被软禁。由于伊夫蒂哈尔-穆罕默德-
乔德里（Iftikhar Muhammad
Chaudhry）拒绝认可《紧急状态条例》，宣布其违宪，尽
管他本人是在1999年PCO政权下宣誓就职的，但阿卜杜勒-
哈米德-多加尔（Ustice Abdul Hameed
Dogar）被任命为巴基斯坦的新首席法官。作为回应，巴基
斯坦于2007年11月22日被暂停了英联邦国家理事会的成员
资格。

近年来，由激进神职人员毛拉纳-法兹鲁拉领导的Tehreek-e-
Nafaz-e-Shariat-e-
Mohammadi（TNSM）组织的伊斯兰激进分子在西北边境
省的斯瓦特地区反叛巴基斯坦政府。在59个村庄，激进分
子建立了一个
"平行政府"，由伊斯兰法院实施伊斯兰教法。

2007年9月底，为期四个月的休战结束后，战斗重新开始。
准军事的边防警察被部署到该地区以平息暴力，但似乎没
有效果。

据报道，2007年11月16日，武装分子占领了附近香格里拉
镇的阿尔普利区总部。当地警察没有抵抗武装力量的推进
就逃走了，这些武装力量除了当地的武装分子外，还包括
乌兹别克、塔吉克和车臣的志愿者。

为了击退激进主义并恢复秩序，巴基斯坦政府部署了一支
由巴基斯坦正规军组成的部队，成功夺回了失地，将伊斯
兰教徒送回了他们在山区的藏身之处，但针对军队的自杀
式袭击仍在继续。

据报道，美国特种作战司令部正在考虑向巴基斯坦提供有
效援助的替代方案，以解决巴基斯坦部落地区的这一问题
和其他与基地组织有关的叛乱活动，但前景仍然不确定，
即使在2008年进行了专门研究。

已故的贝娜齐尔-

布托是第一位当选为后殖民时代穆斯林国家领导人的女性。**她曾两次当**选为巴基斯坦总理。她于1988年首次宣誓就职，但20个月后因**涉嫌腐**败而被当时的总统古拉姆-伊沙克-汗下令免职。

1993年，布托再次当选，但在1996年以类似的理由再次被免职。1998年，布托流亡到迪拜，直到2007年10月18日穆沙拉夫将军通过一项特别法律免除她的所有腐败指控后，**她才回到巴基斯坦**，据此她获得大赦，所有腐败指控被撤销。她是前总理佐勒菲卡尔-阿里-布托--信德族巴基斯坦人--和努斯拉特-布托夫人--伊朗库尔德族巴基斯坦人--的长子，她被她的侄女法蒂玛-布托指控公然腐败，并与她的丈夫阿西夫-扎尔达里一起对1996年暗杀她的兄弟穆尔塔扎-布托负责。

在拉瓦尔品第的圣母院接受了两年的教育后，布托被送到穆里的耶稣和玛丽修道院。她在15岁时通过了A级考试，通常的年龄是17岁。在巴基斯坦完成小学教育后，她进入哈佛大学，以优异的成绩毕业于比较政府专业。

她的下一阶段教育是在英国进行的。1973年至1977年间，布托在牛津大学玛格丽特夫人堂学习哲学、政治和经济学。**她在牛津大学学**习了国际法和外交学课程。1976年12月，**她当**选为牛津大学联盟主席，成为第一位领导这一著名辩论会的亚洲女性。1987年12月18日，**她在卡拉奇与阿西夫-阿里-**扎尔达里结婚。从这次婚姻中诞生了三个孩子。贝娜齐尔-布托的父亲、前总理佐勒菲卡尔-阿里-布托于1975年被解除总理职务，其腐败指控与贝娜齐尔-布托后来面临的指控相似。

在1977年的审判中，佐勒菲卡尔-阿里-布托因**阴**谋谋杀持不同政见者艾哈迈德-拉扎-**卡**苏里的父亲而被判处死刑。尽管这一指控"受到**公众的广泛**质疑"，尽管包括教皇在内的外国领导人

多次呼吁宽大处理，布托还是在1979年4月4日被绞死。要
求宽恕的呼吁被当时的总统穆罕默德-齐亚-
哈克将军拒绝。贝娜齐尔-
布托和**她的母**亲在她父亲被处决后被关押在一个
"警察营地"，直到5月底。

1980年，他的兄弟沙纳瓦兹在法国被杀，情况可疑。1996
年，**她的另一个兄弟米尔**-穆尔塔扎（Mir
Murtaza）被暗杀，使她的第二个总理任期变得不稳定。布
托在完成学业后回到巴基斯坦，在其父亲被监禁并随后被
处决后，发现自己被软禁。她于1984年获准返回英国，并
成为她父亲的人民党的流亡领导人，尽管她只有在穆罕默
德-齐亚-
哈克将军去世后才能在巴基斯坦发挥其政治影响力。她曾
接替**她母**亲成为巴基斯坦人民党和反对齐亚-
哈克政权的民主派领导人。

1988年11月16日，在十多年来的首次公**开**选举中，贝娜齐
尔的人民党赢得了国民议会的最大席位。1998年12月2日，
布托宣誓就任联合政府总理，35岁的他成为近代以来穆斯
林占多数的国家最年轻的政府领导人--也是第一位女性。

但**她的政府在**1990年因腐败指控而被撤职，她从未因此受
到审判。齐亚的门生纳瓦兹-
谢里夫随后上台。布托于1993年再次当选，但三年后在一
连串的腐败丑闻中被当时的总统法鲁克-莱加里(Farooq
Leghari)解职，后者利用第八修正案的自由裁量权解散了她
的政府。最高法院以6比1的裁决维持了对莱加里总统的弹
劾。

2006年，国际刑警组织发出了逮捕贝娜齐尔和她丈夫的请
求。对贝娜齐尔的批评大多来自旁遮普精英和有权势的地
主家庭，他们反对布托，因为她以牺牲封建领主的利益为
代价推动巴基斯坦进行民族主义改革，她指责封建领主破
坏了国家的稳定。在因腐败被巴基斯坦总统解职后，她的

政党在10月的选举中失利。她担任反对派领导人，而纳瓦兹-
谢里夫在接下来的三年里担任总理。1993年10月举行了新的选举，她的人民党联盟取得了胜利，使布托重新上台。1996年，他的政府再次因腐败而被解职。

法国、波兰、西班牙和瑞士的文件导致了对贝纳扎尔和她丈夫的进一步腐败指控，两人都成为了一些法庭诉讼的对象，包括一项通过瑞士银行洗钱的指控。她的丈夫阿西夫-阿里-
扎尔达里因类似的腐败指控在监狱中度过了8年。2004年出狱的扎尔达里曾表示，他在监狱中的时间是以酷刑为特征的。

1998年《纽约时报》的一份调查报告指出，巴基斯坦当局掌握的文件揭示了一个银行账户网络，这些账户都与该家族在瑞士的律师有关，阿西夫-
扎尔达里是该家族的主要股东。文章称，法国当局公布的文件显示，扎尔达里向法国飞机制造商达索公司提供了更换巴基斯坦空军老旧战斗机的独家权利，以换取向扎尔达里控制的一家瑞士公司支付5%的佣金。文章还称，一家迪拜公司获得了向巴基斯坦进口黄金的独家许可，为此，阿西夫-
扎尔达里收到了向其位于迪拜的花旗银行账户支付的1000多万美元。该公司的所有者否认向扎尔达里支付过任何款项，并声称这些文件是伪造的。

布托坚持认为，对她和她丈夫的指控纯粹是政治性的。"这些文件中的大部分都是捏造的，"她说，"围绕它们所讲的故事绝对是虚假的。"巴基斯坦审计长（AGP）的报告支持布托女士的说法。它提供的信息表明，贝娜齐尔-
布托是在1990年被当时的总统古拉姆-伊沙克-
汗批准的一次迫害后被赶下台的。AGP的报告指出，Khan非法支付了2800万卢比，在1990-
1993年期间对布托及其丈夫提出了19起腐败案件。

检察官对布托和她丈夫持有的资产进行了适当的审查，然后指控布托的瑞士银行账户持有8.4亿美元。扎尔达里还在英国的萨里郡购买了一座都铎复兴式豪宅和一座价值超过400万英镑的庄园。巴基斯坦调查人员已将其他海外财产与扎尔达里家族联系起来。其中包括扎尔达里的父母在诺曼底拥有的价值250万美元的豪宅，扎尔达里的父母在他结婚的时候资产不多。布托一直否认在国外持有任何重要资产。

直到最近，贝娜齐尔-布托和**她的丈夫**还面临着官方腐败指控，涉及数亿美元的政府合同和招标的"佣金"。但由于布托和穆沙拉夫在2007年10月谈判达成的权力分享协议，贝娜齐尔和她的丈夫获得了大赦。如果这一决定成立，它可能促使一些瑞士银行"解冻"1990年代末被冻结的账户。该行政命令原则上可以受到司法部门的质疑，尽管由于最近同样的发展，后者的前景并不**确定**。1998年7月23日，瑞士政府向巴基斯坦政府移交了与贝娜齐尔-布托及其丈夫的腐败指控有关的文件。这些文件包括瑞士当局对扎尔达里提出的正式洗钱指控。

巴基斯坦政府一直在进行一项重大调查，以收回1997年被瑞士当局冻结的1370多万美元，据称这些钱被布托和她的丈夫藏在银行里。巴基斯坦政府最近对布托女士启动了刑事诉讼程序，以追踪她和她丈夫据称在各种犯罪企业中获得的约15亿美元。这些文件表明，扎尔达里被指控洗钱的钱是贝娜齐尔-布托可以使用的，并被用来购买一条价值超过17.5万美元的钻石项链。

人民党的回应是断然否认指控，认为瑞士当局被伊斯兰堡提供的虚假证据所误导。2003年8月6日，瑞士地方法官认定贝娜齐尔和她的丈夫犯有洗钱罪。他们被判处六个月的缓刑，每人被罚款5万美元，并被命令向巴基斯坦政府支付

1100万美元。

为期六年的审判得出结论，贝娜齐尔和扎尔达里在瑞士账户中存入了1000万美元，这些钱是一家瑞士公司为换取在巴基斯坦的合同而给他们的。这对夫妇说他们会上诉。巴基斯坦调查人员说，扎尔达里于1995年在日内瓦开设了一个花旗银行账户，据称他通过该账户从在巴基斯坦做生意的外国公司收到的1亿美元贿赂中拿出了约4000万美元。

2007年10月，日内瓦州检察官丹尼尔-扎佩利说，他周一收到了针对巴基斯坦前总理贝娜齐尔-布托的洗钱调查的结果，但他不确定她是否会在瑞士被起诉。

> 波兰政府向巴基斯坦移交了500页与贝娜齐尔-布托及其丈夫的腐败指控有关的文件。这些指控与1997年的一笔**交易**中购买的8000台**拖拉机有关。据巴基斯坦官员**称，这些波兰文件包含了拖拉机公司为换取接受他们的合同而支付的非法**佣金的**细节。据称，这一安排 "掠夺"了1.03亿卢比（200万美元）的贿赂。

从波兰收到的文件证据证实了阿西夫-扎尔达里和贝娜齐尔-布托以**启**动人民拖拉机项目为名设立的贿赂计划。

据称，贝娜齐尔-布托和阿西夫-阿里-扎尔达里通过他们的幌子，即Dargal S.A.的Jens Schlegelmilch和Didier Plantin，从这些采购中获得了7.15%的**佣金**，**他**们还从供应5 900台Ursus**拖拉机中**获得约196.9万美元。

在调查人员发现的最大一笔付款中，据称在布托政府给予扎尔达里黄金进口的垄断权后，一个中东的金条经销商将至少1000万美元存入扎尔达里的一个账户，而这一垄断权助长了巴基斯坦的珠宝业和毒品贸易。据称，这些钱被存入扎尔达里在迪拜的花旗银行账户。巴基斯坦的阿拉伯海沿岸，从**卡拉奇延伸到与伊朗的**边界，长期以来一直是黄金走私者的天堂。

在布托的第二个任期**开始之前**，这种每年价值数亿美元的贸易是不受监管的。被称为饼干的黄金碎片和较重的金条**被空运到波斯湾和基本上无人看守的巴基斯坦海岸之**间。荒凉的马克拉海岸也是来自阿富汗的大量海洛因和鸦片的落脚点，并且是与总部设在迪拜的英国中东银行进行黄金贸易的主要场所。

1993年布托重返总理职位后不久，迪拜的一位巴基斯坦金银交易商Abdul Razzak Yaqub提出了一项交易。作为对进口黄金独家权利的交换，拉扎克将**帮助政府**规范贸易。1994年11月，巴基斯坦商业部致函拉扎克，通知他已获得许可证，使他至少在未来两年内成为巴基斯坦唯一的黄金特许进口商。

在迪拜的办公室接受采访时，拉扎克承认他利用该许可证向巴基斯坦进口了价值超过5亿美元的黄金，并且他曾多次前往伊斯兰堡与布托和扎尔达里会面。但他否认存在任何腐败或秘密交易。"他说："我没有向扎尔达里支付一分钱。

拉扎克先生称，巴基斯坦有人想破坏他的声誉，安排他的公司被错误地认定为存款人。"他说："银行里有人与我的敌人合作，编造了假文件。

在任何时候都没有提到巨大的海洛因和鸦片贸易，尽管它是迪拜黄金贸易的基础。阿富汗赫尔曼德省的罂粟种植者不接受用纸币购买他们的农作物，总是用黄金支付。自2004年9月以来，布托一直住在阿拉伯联合酋长国的迪拜，她在那里照顾她的孩子和患有阿尔茨海默氏病的母亲，旅行讲学并与巴基斯坦人民党的支持者保持联系。这自然引出了一个问题。为什么是迪拜？

答案是显而易见的。布托留在迪拜，监督迪拜银行进行的巨额黄金交易。2004年12月，**她和她的三个孩子在五年多**后与他们的丈夫和父亲团聚。

2007年1月27日，**她**应美国邀请会见了布什总统以及国会和

国务院的代表。2007年3月，布托出现在英国BBC的
"提问时间
"节目中。她还曾多次出现在BBC新闻之夜上。2007年5月
，**她反**驳了穆罕默德-伊贾兹-哈克（Muhammad Ijaz-ul-Haq）**关于**萨尔曼-拉什迪（Salman Rushdie）的骑士称号的评论，说他在呼吁暗杀外国公民。

布托曾宣布**她打算在**2007年返回巴基斯坦，尽管穆沙拉夫在2007年5月声明不允许她在该国定于2007年底或2008年初举行的大选前返回，因为她可能被暗杀，但她还是返回了。然而其他消息来源警告**她**，**很可能会有人**试图暗杀她。毒品贸易是一个非常危险的行业，那些犯了错误，与这一有利可图的贸易中的头目们的家族交恶的人面临着巨大的风险。

美国历史学家阿瑟-
赫尔曼在2007年6月14日发表在《华尔街日报》上的一封有争议的信中，针对布托的一篇高度批评总统及其政策的文章，将**她描述**为"......。是南亚历史上最无能的领导人之一'，并声称**她和其他巴基斯坦精英**讨厌穆沙拉夫，因为他是穆哈吉尔人，是1947年分治时逃往巴基斯坦的数百万印度穆斯林的儿子。赫尔曼还称。

> "虽然当初是穆哈吉尔人为建立巴基斯坦而行动，但许多巴基斯坦族裔对他们持蔑视态度，把他们当作三等公民"。

然而，到2007年年中，美国似乎正在推动一项交易，即穆沙拉夫继续担任总统，但卸任军队首脑，布托或其候选人之一将成为总理。

尽管存在所有的内部纷争，但毒品交易仍在继续，似乎对正在进行的政治冲突视而不见。没有人有勇气站出来，封锁从阿富汗到马克拉大衣的道路，这将禁止大规模的鸦片贸易。赌注太大，任何人都不可能承担这样一项巨大的任务。2007年，DEA报告说，尽管主要的罂粟种植区赫尔曼德（Helmand）不断受到巡逻，主要是由北约指挥的英国和

美国军队进行巡逻，但阿富汗的鸦片产量已经达到了创纪录的6000吨。

毒品大师们再次向世界表明，无论什么样的政府控制着一个国家（除俄罗斯外的任何国家），他们都可以继续利用创新的方法、改变节奏和方向来做生意。我非常怀疑美国新总统巴拉克-

欧巴马是否会被允许实施他可能希望采取的任何措施。时间会证明一切。与此同时，这个价值数十亿美元的业务继续运行。该贩毒集团的新 "商业计划"要求将可**卡因的分**销从墨西哥、加勒比和巴拿马转移到遥远的非洲。

此外，领导层将可卡因的批发价格降低了50%，使一 "线"可**卡因的成本低于**5美元，这对街上的每个顾客来说都是可承受的。从**卡特**尔的角度来看，这个计划的好处是，非洲进口国很容易管理，除了一两个例外，执法工作极其松懈，非常容易发生腐败。

可**卡因**进入欧洲市场的另一个国家是
"科索瓦"，这是所谓破坏塞尔维亚的设计师理查德-霍尔布鲁克的想法，他只是把它作为礼物送给阿尔巴尼亚，一个贩卖毒品和白奴的颓废国家。是的，不管你信不信，阿尔巴尼亚的国民生产总值是由贩毒和白奴的收入构成的。

从现在开始，可卡因贸易将在科索沃蓬勃发展，就像它在阿尔巴尼亚的百年历史一样。缉毒局人员的任何试图阻止都会遭到恐**吓和**谋杀。在联合国缉毒机构以及西欧和美国的缉毒部队掌握新的分销路线之前，贩毒集团的头目们将可以自由支配。

2009年4月的最新情况

三年前，墨西哥当局在美国的推动下，向毒贩子宣战。由于这一行动，墨西哥面临着迅速的衰退和崩溃，除非美国介入并以军队和充足的资金援助墨西哥。虽然奥巴马政府的新任国务卿认识到，在墨西哥肆虐的战斗如果蔓延到美国，会带来非常真实的危险，但她最近告诉CBS新闻，她正准备采取措施，用人和钱帮助墨西哥。面对众所周知的事实，即墨西哥毒枭正在以可怕的残暴行为恐吓墨西哥--美国迄今不愿提供**帮助的做法令人**难以理解。这并不是说墨西哥**离美国很**远，或者我们没有密切的关系。事实上，从外交上讲，我们与墨西哥的关系比我们与加拿大的关系更密切。

2009年1月，墨西哥恐怖主义分子绑架了10名士兵。不久之后，他们被子弹打烂的尸体被丢在一条繁忙的路边。在另一起案件中，一位被认为是警方线人的公民被绑架，他的头被砍下，尸体被挂在公路桥边，而数千名使用地铁的驾驶者都看到了他的尸体。

2008年，有6,300人被毒品恐怖分子绑架和杀害。事实上，墨西哥城赢得了 "世界绑架之都"这一不光彩的声誉。富人和穷人都是受害者。最近，25万人聚集在墨西哥城的主要广场，抗议政府对毒枭的缓慢反应。但事实是，墨西哥既没有人力也没有财力对毒枭采取所需的那**种**压倒性的反应。此外，毒枭们的武器比墨西哥政府更强。

墨西哥警察和联邦缉毒人员。贩毒者拥有全自动步枪和手榴弹，并经常在一些激战中击败墨西哥警察。他们的高质量武器是从美国的经销商那里以现金购买的。美国政府表示，它正在推动停止这些武器销售。根据联合国最近关于墨西哥的一项研究，毒品贸易每年的价值达到惊人的380亿美元，而且**每个月都有越来越多的毒**贩子进入这个行业。墨西哥的缉毒部队中腐败盛行，尽管墨西哥总检察长说他已经采取了新的措施来遏制毒品交易，但所有迹象表明，与毒品有**关的暴力犯罪正在上升。在**这暗淡的画面中也有一些亮点：2008年，墨西哥逮捕了57,000名毒贩，而且刚刚透露，美国政府已经承诺每年增加5,600万美元，**帮助墨西哥打击毒枭**。

正如人们所担心的那样，墨西哥毒品恐怖主义已经蔓延到230个美国城市，截至2009年4月中旬，现在已经成为美国的头号犯罪。我们有责任加入正在进行的打击毒品贩运对美国**构成的危**险威胁的斗争。我们必须认识到，我们是在与那些决心破坏和**搞**垮我们伟大的共和国的无情之徒作战。美国必须以哥伦比亚的贝当古总统为榜样。我们国家的整个未来正处于危险之中。这不是一场我们可以走开的战争。这是一场生死之战。我们必须赢得这场战争。如果我们不赢，我们门内的敌人将在实施他们对我们所有人的奴役和黑暗的议程方面向前迈出一大步，正如一个世界政府的计划所设想的那样。

已经出版

OMNIA VERITAS
OMNIA VERITAS LTD 提出了:
约翰 科尔曼
阴谋家的等级制度
300人委员会的历史
作者：约翰-科尔曼
阴谋家的等级制度
300人委员会的历史
这个反对上帝和人类的公开阴谋包括对大多数人类的奴役

OMNIA VERITAS
OMNIA VERITAS LTD 目前:
约翰 科尔曼
撒谎的外交
撒谎的外交
英国和美国政府的背叛行为记述
作者：约翰-科尔曼
英国和美国政府的背叛行为记述
联合国的创建历史是一个通过谎言进行外交的典型案例

OMNIA VERITAS
OMNIA VERITAS LTD 目前:
约翰 科尔曼
罗思柴尔德王朝
罗思柴尔德王朝
作者：约翰-科尔曼
历史事件往往是由一只 "隐藏的手 "造成的。

OMNIA VERITAS
OMNIA VERITAS LTD 目前:
关于共济会的一切
在21世纪，共济会与其说是一个"秘密社会"，不如说是一个秘密社团。
作者：约翰-科尔曼
这本书解释了什么是共济会
约翰 科尔曼
关于共济会的一切

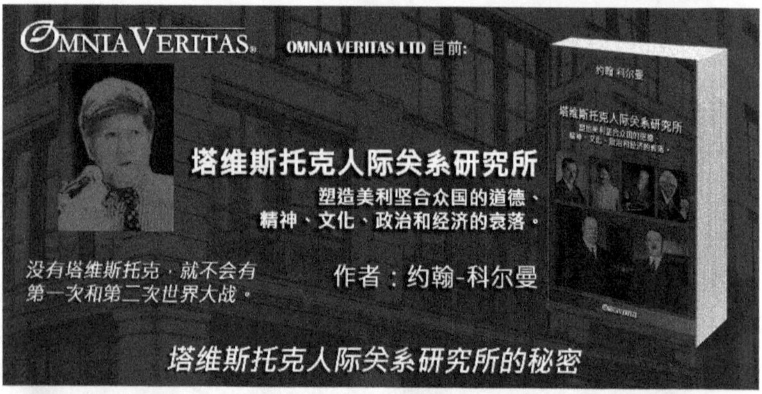
OMNIA VERITAS
OMNIA VERITAS LTD 目前:
塔维斯托克人际关系研究所
塑造美利坚合众国的道德、
精神、文化、政治和经济的衰落。
没有塔维斯托克，就不会有第一次和第二次世界大战。
作者：约翰-科尔曼
塔维斯托克人际关系研究所的秘密
约翰 科尔曼

OMNIA VERITAS
OMNIA VERITAS LTD 目前:
社会主义世界秩序的独裁统治
这些年来，当我们的注意力集中在莫斯科的共产主义的罪恶上时，华盛顿的社会主义者正忙着从美国偷东西！这就是美国的社会主义。
作者：约翰-科尔曼
"华盛顿的敌人比莫斯科的敌人更让人害怕"。
约翰 科尔曼
社会主义世界秩序的独裁统治